品味經典

西遊記與中國古代政治

◆
薩孟武

著

三民書局

國家圖書館出版品預行編目資料

西遊記與中國古代政治／薩孟武著.——六版二刷.—
—臺北市：三民，2020
面；　公分.——（品味經典/真）

ISBN 978—957—14—6418—3　（平裝）
1. 中國政治制度

573.1　　　　　　　　　　　　　107006826

西遊記與中國古代政治

作　　　者	薩孟武
封面繪圖	蔡采穎
發 行 人	劉振強
出 版 者	三民書局股份有限公司
地　　　址	臺北市復興北路 386 號 (復北門市)
	臺北市重慶南路一段 61 號 (重南門市)
電　　　話	(02)25006600
網　　　址	三民網路書店 https://www.sanmin.com.tw
出版日期	初版一刷 1969 年 5 月
	重印二版五刷 2015 年 6 月
	六版一刷 2018 年 6 月
	六版二刷 2020 年 1 月
書籍編號	S570250
I S B N	978-957-14-6418-3

三民書局

緣　起

　　經典，是經久不衰的典範之作——無畏時光漫長的淘選，始終如新，每每帶給讀者不一樣的閱讀感受。閱讀經典，可以使心靈更富足，了解過往歷史，並加深思考，從中獲取知識與能量；可以追尋自我，反覆探問，發現自己最真實的樣貌。經典之作不是孤高冷絕，它始終最為貼近人心、溫暖動人。

　　隨著時代更替，在歷經諸多塵世紛擾、心境跌宕後，是時候回歸經典，找尋原初的本心了。本局秉持好書共讀、經典再現的理念，精選了牟宗三、吳怡深度哲思探討的著作；薩孟武與傳統經典對話的深刻體悟作品；白萩創造文學新風貌的詩作，以及林海音、琦君溫暖美好的懷舊文章；逯耀東、許倬雲、林富士關注社會、追問過去的研讀。以全新風貌問世，作為品味經典之作的領航，讓讀者重新閱讀這些美好。期望透過對過往文化的檢視，從中追尋歷史的真實，觸及理想的淳善，最終圓融生活的感性完美。

　　這些作品，每一本都是值得珍藏的瑰寶——它們記錄著那個時代臺灣文化發展的軌跡，以及社會變遷的遞嬗；以文字凝結了歲月時光，留住了真淳美好。

　　「品味經典」邀請您一起 品 味 經 典。

讀歷史？看這三本就夠了！

公孫策

絕無虛言，就是這兩本小書打開了我的歷史之窗。甚至可以說，沒有薩孟武先生這兩本書，就沒有後來的公孫策。

兩本書？不是三本嗎？且聽我道來。

那一年十六歲，從南部負笈臺北，舉目無親，課後就近逛牯嶺街舊書攤，週末逛重慶南路書店。一天，翻開一本小書（早期的三民文庫都是袖珍開本），劈頭寫著：

在中國歷史上，有爭奪帝位的野心者不外兩種人，一是豪族，……二是流氓，……。

在此之前，對歷史故事就很有興趣，小學、初中到高一的歷史課本總是拿到手就看完。當然，為了考試也只得背誦朝代、年代、人名、戰役……，但就從來沒看過有這樣講歷史的。（註：後來知道其實高手不少，但那時候只是個高一學生）

那本小書就是《水滸傳與中國社會》（以下簡稱「水書」）。從小看《水滸傳》長大，梁山一百零八條好漢的名字、綽號，乃至後來上應天命的星宿名都背得出來，既然發現有

如此的全新角度，於是一頁一頁細細讀下去。看完後，自然
續看《西遊記與中國古代政治》（以下簡稱「西書」），同一系
列還有一本《紅樓夢與中國舊家庭》（以下簡稱「紅書」）則
因為不愛看《紅樓夢》，所以連伸手從架上拿書都沒有。直到
這一回，三民書局的編輯請我寫全系列的導讀，寄了一本給
我，翻閱之後才發現從前錯了，為了彌補錯失五十年的遺憾，
將紅書一口氣讀完，並且跟讀者分享心得。

　　這三本書對我個人的啟發是：

一、歷史是有用的。

二、歷史不只對社會科學、人文科學有用，甚至對政治、
　　職場、人生都有用。

三、小說是現實的投射，歷史是現實的紀錄，從小說情
　　節切入，由印證歷史得悟，是薩孟武先生這個系列
　　的成功之處。

四、再印證錢穆先生「從現實中找問題，到歷史裡尋答
　　案」的方法論，於是有了公孫策借古諷今的專欄。

　　然而，以上是我個人的心得，讀這三本書的最大功能卻
在於：學會獲致每位讀者自己的心得。簡單說，未經思考的
知識，都不是真知識，因為你一直在人云亦云。但是薩孟武
先生將歷史應用在觀察現實、解決問題，則是熟讀史書之後，
能夠深思並融會貫通的結果。而重點不在熟讀歷史（因為一
般人沒有那個時間），而在領會薩先生觸類旁通、俯拾皆是的
功夫之後，所謂「學問百門，一通百通」，能「通」，就不會拘
泥、不會固執於「一門」，才能開放心胸解決問題。此外，這
三本書當中，有很多薩孟武先生本人的至理名言，值得一記。

　　觸類旁通部分，當年對我衝擊最大的，當屬書中對「秀才造反，三年不成」的詮釋。在那個一切為反攻大陸的年代，從小被教育要做一個泱泱大國之民，對那八個字，總認為是針對「那些只會背經典、寫八股的腐儒」。可是看過水書〈王倫何以不配做梁山泊領袖〉之後，如遭當頭棒喝。薩先生從蘇秦、張儀的經驗，點出士大夫階級「窮則發憤，舒則苟安」的特質，寫到中間階級（知識分子）夾在兩個基本階級（地主與農民，在今天則是資本家與勞動者）當中，由於那個階級特質，所以只配做人臣，不配做人君。再寫到「用人的當能知人，不但不宜妒才，且須愛才」，並以劉邦、項羽的用人風格印證最終成功失敗，然後結論：王倫落草為寇是「窮則發憤」，可是阻撓林沖入夥，「哪裡配收羅天下英才」，就是他「舒則苟安」的證據。這一篇，轉了那麼多彎，講了那麼多歷史故事，引申出那麼多治國平天下大道理，寫來毫無牽強、渾然天成，又能緊扣主軸「窮則發憤，舒則苟安」──充分顯示薩先生的思路邏輯清晰，對歷史人物故事能夠俯拾皆是，這樣的知識才是真知識，這樣的學問才是「有用的」學問。

　　其他如：從「九天玄女與三卷天書」講到米價跟天下治亂（水書）；從吃唐僧肉講到菩薩妖精再講到成王敗寇、由太白金星的姑息講到藩鎮外戚乃至佛教盛行（以上西書）；由賈府的奢靡生活講到朝代的末世現象、由妙玉的假清高講到士大夫矯飾虛名以沽名釣譽、從探春的改革甚至談到舜禹跟商鞅、韓非的刑罰思想異同（以上紅書）。

　　三書中的妙語金言極多，這裡僅摘錄二三薩先生的苦心警句：

貴者可以政治力以求富，富者唯於政治腐化之時才能用捐納之法以取貴。（紅）……既然利用貨財，以取得官爵，又復利用官爵，以取得貨財，……唯一的方法只有刮索民膏。……證明強迫人民做土匪、做強盜的，是由於官吏的貪汙。（水）

「有功則君有其賢，有過則臣任其罪」、「事成則君收其功，規敗則臣任其罪」，天下最合算的事莫過於此。（西）

他沒說出來的一句是：但後世君主卻大多無此智慧。

「天下者天下人之天下也」，這是多麼好聽的話。……反過來說，卻是天下不是任何人的天下，種種問題就由這裡發生。何以故呢？天下不是任何人的天下，則人人對於天下之害均不關心，對天下之利均欲爭取。人人爭天下之利，而參政權也就變質了，它不是參加政治的權，而是參加發財的權。（西）

這個道理不只政治，在大家族裡也同樣出現：

財產既是公有，誰願愛護財產。……凡事由大家共管的，大家往往不管，財產為大家公有的，大家往往不知愛惜。（紅）

於是將「修身齊家治國平天下」的道理又都統一了。

　　總之，三書的精彩內容實不勝枚舉，留待讀者咀嚼享受。

二〇一八年五月

序

　　《西遊記與中國古代政治》一書出版於民國四十六年十二月，其印三千冊，我本來只肯印一千冊，因為此書看了之後，可以借給別人再看。小女公昭，必定要我印刷三千冊。時過十年，三千冊已經售完，然比《政治學》出版之後，竟然年年暢銷，而將近二萬冊者，相差遠了。

　　《西遊記與中國古代政治》一方慢慢的發售，同時我又慢慢的修改，其所增加的字數約有四分之一，近日外埠及國外要買是書者頗多，經三民書局劉振強先生之勸告，我遂將新稿交與三民書局重新排印，因已修改，舊版作廢。

薩孟武

民國五十八年四月二十日

目次

菩薩與妖精

　　人類的一切觀念，甚至一切幻想都不能離開現實社會，從空創造出來。倫理、宗教、政治、法律的思想固然如此，而人類所想像的神仙鬼怪也是一樣。《西遊記》一書談仙說佛，語及惡魔毒怪。然其所描寫的仙佛魔怪，也是受了中國社會現象的影響。換言之，社會現象映入人類的腦髓之中，由幻想作用，反射出來，便成為仙佛魔怪。所以仙佛怎麼樣，魔怪怎麼樣，常隨各國社會情況而不同，而吾人由於小說所描寫的仙佛魔怪，亦可以知道各國的社會情況。

　　一部二十四史不過爭奪政權的歷史。成者為王，敗者為寇。王寇懸於成敗，成敗決於力之大小。王莽以外戚而篡帝位①，這比之楊堅以外公而奪取外甥之天下②，就親屬之遠

---

① 元帝三男，王皇后生成帝，成帝無後。傅昭儀生定陶王康，康生哀帝。馮昭儀生中山王興，興生平帝。王莽乃王皇后之姪子。參閱《漢書》卷八十〈宣元六王傳〉、卷九十九〈王莽傳上〉。

② 楊堅女麗華嫁周宣帝為后，無出。宣帝崩，子靜帝立，靜帝乃朱皇后所

近說，楊堅未必比王莽為疏。然而王莽受盡了後人唾罵，楊堅則被視為真命天子。這種不平等的價值判斷何以發生。王莽不及身而亡，楊堅統一中國，結束了五胡亂華以後三百餘年的棼亂之局。一則力不足以保其身，一則力足以統一華夏，故他們所受後人的批評不同。曹操奮身於董卓肆凶之際，芟刈群雄，幾平海內，他說：「設使國家無有孤，不知當幾人稱帝，幾人稱王？」（〈魏志〉卷一〈武帝紀〉建安十五年注引《魏武故事》）漢祚能夠延長三十餘年之久，實賴曹操之力。然後人尚斥之為奸雄。宋太宗繼太祖而即位，兄終弟及，為秦漢以後的創舉，這猶可以說是太祖的遺志。而燭影斧聲，千載視為疑案，即位之後，復迫死弟廷美、姪德昭、德芳③，其忍心比之曹操為自衛計，而弒伏后（《後漢書》卷十下〈獻帝伏皇后紀〉），終其身服事獻帝，似還不如。而史臣乃謂「帝之功德，炳煥史牒，號稱賢君」（《宋史》卷三〈太宗紀·贊〉）。曹操不必為文王而為文王，宋太宗可為周公而不為周公，既然不為周公了，又復迫死無辜的管、蔡。顧後人所作褒貶乃薄曹操而厚宋太宗，為的什麼呢？爭天下者不尚小節，曹操只能造成三分局勢，宋太宗則能降吳越而平北漢，使五代紛亂之局復歸於統一。

　　這種力的關係射入人類的腦髓之中，於是人類所想像的

　　生。見《周書》卷九〈皇后傳〉。

③　初昭憲太后（太祖母）不豫，命太祖傳位太宗。或謂昭憲及太祖本意，蓋欲太宗傳之廷美，而廷美復傳之德昭。德昭不得其死，德芳相繼夭絕，廷美始不自安，憂悸成疾而卒。參閱《宋史》卷二百四十四魏王廷美、燕王德昭、秦王德芳傳。

神仙社會便也以力為基礎。神仙的力分為兩種：一在身體之內，這稱為法身，如孫行者的七十二般變化是也。二在物器之中，這稱為法寶，如孫行者的如意金箍棒是也。合這兩者稱為法力。在神仙社會法力大小不但可以決定地位高低，且又可以決定生命長短。他們雖然修成了不老之身，而一旦劫運來臨，苟法力不足以抗之，則千年苦行亦將化為虛幻，且看須菩提祖師對孫行者之言：

> 五百年後，天降雷災打你……躲得過，壽與天齊，躲不過，就此絕命。再五百年後，天降火災燒你，這火……喚做陰火，自本身湧泉穴下燒起，直透泥垣宮，五臟成灰，四肢皆朽，把千年苦行，俱為虛幻。再五百年，又降風災吹你。這風……喚做贔風，自顖門中吹入六腑，過丹田，穿九竅，骨肉消疎，其身自解，所以都要躲過。（《西遊記》第二回）

玉帝能夠領袖群仙，據如來說，「自幼修持，苦歷過一千七百五十劫，每劫該十二萬九千六百年」（第七回）。即其法力無邊，故能享盡了仙界的富貴榮華。食則龍肝鳳髓，玉液蟠桃（第七回）。居則三十三座天宮，七十二重寶殿，金闕銀鑾並紫府，琪花瑤草暨瓊葩（第四回）。行則八景鸞輿，九光寶蓋，聲奏絃歌妙樂，詠哦無量神章，散寶花，噴真香（第七回）。這種享受比之人世帝皇，似有過而無不及。這樣，當然激動了孫行者的覬覦。他自幼立志修玄，遠涉天涯，參訪仙道，學得了觔斗雲及七十二般變化，「善能隱身遁身，起法

攝法，上天有路，入地有門，步日月無礙，入金石無凝，水不能溺，火不能焚」（第三回），於是下打到十八層地獄，強迫冥王勾消了生死簿上自己的名字，把有限的生命改為無限的生命（第三回）；上打到三十三天，竟令玉帝不能不採用懷柔政策，降詔招安，承認其為齊天大聖（第四回）。法力雖大，而尚不是全能，先失敗於顯聖真君（第六回），再失敗於佛祖如來（第七回），壓在五行山石匣之中，稱為「妖猴」，歷時五百餘年。

　　力大者享盡榮華富貴，為仙為佛；力小者不肯蟄居山洞之中，養精鍊氣，調和龍虎，提坎填離（第二十六回），則成為妖魔。太上老君身邊看金爐和看銀爐的童子近於仙了，一旦下界，就變為二魔（第二十六回及第三十二回）。彌勒佛面前司磬的黃眉童子近於仙了，下界之後，亦變成怪物（第六十五回）。觀音大士說：「菩薩妖精，總是一念。」（第十七回）這個念頭從何發生呢？

　　在神仙社會，法力大者位尊，法力小者位低。位尊的因有特別享受，而得長生不老。瑤池有蟠桃三千六百株，前面一千二百株，花微果小，三千年一熟，人吃了，成仙了道，體健身輕。中間一千二百株，層花甘實，六千年一熟，人吃了，霞舉飛昇，長生不老。後面一千二百株，紫紋緗核，九千年一熟，人吃了，與天地齊壽，日月同庚（第五回）。然而能夠參加蟠桃嘉會的乃限於法力大的神仙。五莊觀的人參果，三千年一開花，三千年一結果，再三千年才得熟，短頭一萬年方得吃。人若有緣，得那果子聞一聞，就活了三百六十歲，吃一個，就活了四萬七千年（第二十四回）。然而有福吃這寶

貝的，亦限於法力大的神仙。這樣，便是法力大的得壟斷仙界珍品，又因享受珍品，而得延壽長生。壽福祿三星在神仙之中，地位不為不高，因見鎮元子之有人參果，尚且說道：

> 我們不及他多矣，他得之甚易，就可與天齊壽。我們還要養精練氣存神，調和龍虎，提坎填離，不知費多少工夫。（第二十六回）

仙界珍品既為法力大者所占，法力小者例如捲簾大將，「見便曾見，卻未曾吃」（第二十四回）。這樣，小仙們便想另求辦法了。唐僧十世修行，一點元陽未泄，有人吃他肉，延壽長生（第三十二回），於是他們就相率下界，由神仙變為妖魔。銀角大王乃太上老君身邊看銀爐的童子，他說：

> 我們打什麼坐，立什麼功，煉什麼龍與虎，配什麼雌與雄，只該吃他（唐僧）去了。（第三十二回）

煉氣存神是要長生不老，吃蟠桃可以長生不老，吃人參果可以長生不老，吃唐僧的肉也可以長生不老。煉氣存神須費許多工夫，而蟠桃人參果又不是小仙所能享受，他們無已，只有下界吃唐僧的肉。這種情況猶如帝王食天下的租稅，公卿百官分潤天下的租稅，其不能分潤租稅的，便輟耕太息，鋌而走險，成者為王，敗者為寇。王莽末年，群雄蠭起，而皆以寇掠為事，光武軍隊稍有紀律，竟令老吏垂涕，以為復見漢家威儀。其所到州郡，輒平遣囚徒，除王莽苛政，吏人喜

悅，爭持牛酒迎勞 (《後漢書》卷一上〈光武帝紀〉更始元年)。這可以稱為王者之師了。其實光武何曾禁止將士掠取財物？任光為信都太守，孤城獨守，「世祖曰：『卿兵少如何？』光曰：『可募發奔命，出攻傍縣，若不降者恣聽掠之，人貪財物，則兵可招而致也。』世祖從之」(《後漢書》卷五十一〈任光傳〉)。此乃權宜之舉，尚可原諒。至於「世祖會諸將，問所得財物，唯李忠獨無所掠」(《後漢書》卷五十一〈李忠傳〉)。則擄掠財物縱在光武軍隊，也表現為兩種現象，一是普遍的，「唯」忠無之。二是公開的，故以帝王之尊，竟於會議之時，問諸將所掠財物。這與神仙下界成為妖魔，又有什麼區別。同樣的，「更始既至長安，居長樂宮，升前殿，諸將後至者，更始問虜掠得幾何，左右侍官皆宮省久吏，各驚相視」(《後漢書》卷十一〈劉玄傳〉)。同一問也，而後人之解釋竟然不同④。此蓋得天下的，又常得到另一種權力，即編纂歷史的權，吾人試稱之為編史權。史官對於皇帝難免不多寫好的，少寫壞的，於是好的遂掩蔽了壞的。莊子說：「竊鉤者誅，竊國者為諸侯，諸侯之門，而仁義存焉！」(《莊子》第十篇〈胠篋〉)此之謂也。晉文公「退三舍」而勝 (《左傳》僖公二十八年)，宋襄公「不重傷，不禽二毛」而敗 (《左傳》僖公二十二年)。史家笑宋襄迂，而美晉文之守信。倘令宋襄勝而晉文敗，我想史家所作評語又不同了，將謂宋襄不愧為

---

④　《後漢書集解》卷二十一〈李忠傳〉王先謙補曰：「更始既入長安，居長樂宮，升前殿，諸將後至者，更始問虜掠得幾何……此與世祖會諸將問所得財物何以異。蓋世祖欲以察諸將之廉貪，其特賜李忠，所以愧屬諸將也。事有跡似而情殊者，此類是也。」

王者之師，晉文不宜以國家而行尾生之信。玄武門之役，唐太宗不幸失敗，則唐代歷史必與吾人今日所讀者不同。玉帝歷過一千七百五十劫，才能享受無極大道（第七回）。其成仙及歷過劫運，是完全依靠煉氣存神乎，抑或也曾用過旁門左道乎，誰能知道，而乃享有「高天上聖大慈仁者玉皇大天尊玄穹高上帝」之號（第三回）。由此可知爭天下者不但爭一時之富貴，且爭編史的權，藉此以取得永久的名譽。生則紅光滿室，貌則隆準龍顏，死則大雨滂沱，天亦落淚。人乎神乎？神乎人乎？神失敗則為妖，人成功則為神。孫行者說：

> 妙呵，妙呵，還是妖精菩薩，還是菩薩妖精。（第十七回）

言外有音，可以發人深省。

　　說到這裡，我又聯想到別的問題了。人類都有生存慾望，人類要維持其生存，必須吃飯穿衣，人類要吃飯穿衣，必須流汗做工。人情無不喜逸而憚勞，一方須吃飯穿衣，他方又不欲流汗做工，於是爭奪之事便發生了。如何防止爭奪，這是人類設置政府的原因。組織政府的人有防止爭奪的責任，他們無遑做工，於是人們不能不供給他們以衣食資料。這樣，租稅又發生了。孟子說：

> 有大人之事，有小人之事……或勞心，或勞力。勞心者治人，勞力者治於人。治於人者食人，治人者食於人，天下之通義也。（《孟子・滕文公上》）

韓愈亦云：

> 君者出令者也，臣者行君之令而致之民者也。民者出
> 粟米麻絲，作器皿，通貨財，以事其上者也。（韓愈
> 〈原道〉）

天子百官衣租食稅，這固然是人民的負擔，然而人民由此卻
能換得安居樂業之福。人類基於這種觀念，遂謂神仙社會也
有政府。玉帝有「文武仙卿」（第三回），佛祖有「三千諸佛，
五百羅漢，八金剛，四菩薩」（第八回）。這與人世的官僚組
織似無區別。官僚分享租稅，諸仙呢？據《西遊記》所言，
天上的生產力是極低的。蟠桃或三千年一熟，或六千年一熟，
或九千年一熟（第五回）。人參果一萬年只結三十個（第二十
四回）。天上農作物不能供給諸仙之用，所以他們在天為神，
下界就變為妖。捲簾大將貶到流沙，竟然覓取行人食用（第
八回）。天蓬元帥貶下凡塵，竟然吃人度日（第八回）。二十
八宿乃玉皇的侍衛，而奎星下界之後，亦咬食宮娥（第三十
回）。井星打敗辟寒兒，也生食其肉（第九十二回）。天上諸
神形同餓鬼，玉帝對奎星說：「上界有無邊的勝景，你不受
用，卻私走一方，何也？」（第三十一回）皇帝深居禁中，哪
知百官生活。事煩而祿薄，欲其毋侵漁百姓，難矣。因此，
玉帝、佛祖乃別開一面，以人間的供奉為諸仙衣食之資。顯
聖真君坐鎮灌州，「享受下方香火」，有「李虎拜還的三牲，
張龍許下的保福，趙甲求子的文書，錢丙告病的良願」（第六
回）。如來亦說：

經不可輕傳，亦不可空取。向時眾比邱聖僧下山，曾將此經在舍衛國趙長者家，與他誦了一遍，保他家生者安全，亡者超脫，只討得他三斗三升米粒黃金回來，我還說他們忒賣賤了，教後代兒孫沒錢使用。（第九十八回）

上界設官置職，蓋如太白金星所言：

收他的邪心，使不生狂妄，庶乾坤安靖，海宇得清寧也。（第四回）

於是無拘束的妖魔便變成有組織的仙官。戰國時代的養士，秦漢以後的官僚制度，目的都是一樣。即由政府徵收租稅，以充祿俸之用，使豪傑之士有所衣食，不至橫行市井，為姦作邪。而人民繳納租稅猶如對神供奉香火一樣，積極的求福如不可能，亦希望他們消極的不來降禍。歐洲各國在十九世紀初期法治國時代，政治的目的不在於積極的增加人民的福利，而在於消極的排除人民福利的障礙。吾國古代政治又退一步，不求官僚排除人民福利的障礙，只求官僚不來侵害人民的福利。如何防止他們不敢侵害人民的福利，則需要一種法律，有似觀世音菩薩交給唐僧，戴在孫行者頭上的緊箍帽（第十四回）了。

孫行者大亂天宮

在神仙社會，地位之高低是以法力為標準，猶如人類社會，貴賤之別應以才之大小為標準。依這標準，法力大的地位高，法力小的地位低。然則法力大小如何甄別呢？關此，我們宜先說明人類社會怎樣甄別才之大小。

秦漢以前為貴族政治，採世官之制，所謂「公門有公，卿門有卿」是也。秦漢以後為官僚政治，選賢與能，所謂「賢者在位，能者在職」是也。西漢之世取士之法共有三種：一取人之賢，而甄別賢不賢則用選舉，如張敞以郡卒史，察廉為甘泉倉長是也（《漢書》卷七十六〈張敞傳〉）。二取其人之能，而甄別能不能，則用考績，如趙廣漢為陽翟令，以治行尤異，遷京輔都尉是也（《漢書》卷七十六〈趙廣漢傳〉）。三取其人之知，而甄別知不知，則用考試，如文帝時，詔舉賢良文學士，鼂錯在選中，對策者百餘人，唯錯為高第，遂由太子家令（八百石）遷中大夫（比二千石）是也（《漢書》卷四十九〈鼂錯傳〉）。朝廷對於各種人才立兼收並蓄之法，所

以得人獨多。東漢以後，用人多以試取之，博士有試，猶可說也，孝廉有試，辟舉徵召有試①，則考試不但用以甄別知不知，且又用以甄別賢不賢與能不能了。隋唐以後，變本加厲，竟認考試為國家取士的唯一方法，而所試者又限於文詞，與西漢考試之「取其忠言嘉謨足以佐國，崇論宏議足以康時」（《通考》卷三十四「孝廉」引徐氏言）者不同。倜儻之士不肯埋首寒窗，而致文墨小技不能精通者，將無法表現其才智。「黃巢屢舉進士不第，遂為盜」（《資治通鑑》卷二百五十二唐僖宗乾符二年），他詆毀朝政，謂「銓貢失才」（《新唐書》卷二百二十五下〈黃巢傳〉）。這事值得注意。

考試之法固然不能甄別才之大小，而既有甄別之法矣，亦足以安慰士人學子。可憐得很，神仙社會，地位高低雖以法力為標準，而甄別法力大小卻無一種制度。兼以他們修成不老不死之身，不死，仙位永不出缺，不老，仙官永不退休。這當然可以阻礙後起之秀的出路。豪英賢才所希望於朝廷者，在於仕途公開。任誰都能用其自己的才智，以取得適當的地位。孫行者學成了一身本領，以為一到天宮，就可察能授官，哪知所授的官只是不入流的弼馬溫。弼馬溫掌養馬，「養馬者後生小輩下賤之役」（第四回）。但是「孔子嘗為委吏矣，嘗為乘田矣，亦不敢曠其職，必日會計當而已矣，必日牛羊遂而已矣」。孫行者就職之初，固曾「晝夜不息，滋養馬匹」，

①　《文獻通考》卷三十九「辟舉」：「按東漢用人多以試取之，諸科之中，孝廉賢良有道皆有試，遷官則如博士如尚書皆先試，至於辟舉徵召無不試者……而所試率文墨小技，固未足以知其賢否也」。參閱卷三十四「孝廉」引徐氏言。

那些天馬都「養得肉膘肥滿」（第四回），亦可謂忠於職務了，卜式曾在上林牧羊，羊肥息，遂遷縣令，而國相，而御史大夫（《漢書》卷五十八〈卜式傳〉）。金日磾曾在黃門養馬，馬肥好，亦由馬監而駙馬都尉，而光祿大夫，最後且受遺詔輔政（《漢書》卷六十八〈金日磾傳〉）。由此可知官職雖小，苟有出身的機會，則英豪之士亦願借逕於小吏以發身。

> 漢法，郡縣秀民推擇為吏，考行察廉，以次遷補，或至二千石，入為公卿。黃霸起於卒史，薛宣奮於書佐，朱邑選於嗇夫，丙吉出於獄吏，其餘名臣循吏由此而進者，不可勝數。（《通考》卷三十五「吏道」引蘇軾言）

然神仙社會卻沒有這種拔擢的機會。

> 喂得馬肥，只落得道聲好字，如稍有些尪羸，還要見責，再十分傷損，還要罰贖問罪。（第四回）

這樣，當然激動了孫行者「心頭火起」。太白金星以為籍名在籙，拘束此間，便可收其邪心（第三回），哪知奇才小用，等於不用，用而不肯拔擢，更不能籠絡豪傑之士。劉項相爭之際，項羽不能任用奇士，反之劉邦乃不惜高位重金以寵人②，

---

② 陳平說：「項王不信人，其所任愛，非諸項，即妻之昆弟，雖有奇士不能用。」見《漢書》卷四十〈陳平傳〉。酈食其說：「漢王降城，即以侯其將，得賂則以分其士，與天下同其利，豪英賢才皆樂為之用。」見

於是豪英賢才無不離開項羽而附劉邦。陳平在楚做過都尉，韓信在楚做過郎中，英布也曾以兵屬項羽（《漢書》卷四十〈陳平傳〉、卷三十四〈韓信傳〉、〈英布傳〉），而皆背楚而歸漢。黃鐘毀棄，瓦釜雷鳴，這是才智之士所最痛心的。孫行者說「玉帝不會用人」（第四回），這與黃巢所說「銓貢失才」，如出一轍。明代「資格獨重進士，致舉貢無上進階」（《明史》卷二百六〈陸粲傳〉）。舉貢受了歧視，所以李自成一反，舉人李巖、牛金星等，皆往投自成，為其謀主，並造謠詞曰，「迎闖王，不納糧」，使兒童歌以相煽。自成能夠大亂天下，而明祚因之而亡，未始不是明代舉官太重資格為其原因。

　　當孫行者割據花菓山之時，雖然打到人間，擄掠了各種武器，打到龍宮，強取了如意金箍棒，打到地府，勾銷了生死簿上的名號（第三回）。而巍巍天宮，莫測高深，尚不敢妄動問鼎之心。到了第一次招安，以山洞之妖猴，乍入天宮，最初也許震懾於宮殿之金光萬道，瑞氣千條（第四回）。然而物質上的富麗何能令人永久心服。隋煬帝欲以中華富樂，誇示諸蕃酋長③，而結果並不能懾服諸蕃，反而引起諸蕃覬覦

　　《漢書》卷四十三〈酈食其傳〉。

③　煬帝以諸蕃酋長畢集洛陽，元宵日，於瑞門街盛陳百戲，戲場周圍五千步，執絲竹者萬八千人，聲聞數十里，自昏至旦，燈火光燭天地，終日而罷，所費巨萬，自是歲以為常。諸蕃請入豐都市交易，帝許之，先命整飾店肆，簷宇如一，盛設帷帳，珍貨充積，人物華盛。賣菜者亦藉以龍鬚席。胡客或過酒食店，悉令邀延就坐，醉飽而散，不取其直，紿之曰中國豐饒，酒食例不取直，胡客皆驚嘆。其黠者頗覺之，見以繪帛纏樹，曰中國亦有貧者，衣不蓋形，何如以此物與之，纏樹何為，市人慙

之心。同樣，孫行者既居天宮之內，習而安之，震懾變為羨慕，羨慕發生覬覦，可以說是勢之必然。而「認得天門內外之路」（第四回），一旦叛變，更難抵禦。范曄說過：

> 若二漢御戎之方失其本矣，何則，先零侵境，趙充國遷之內地，當煎作寇，馬文淵徙之三輔，貪其暫安之勢，信其馴服之情，計日月之權宜，忘經世之遠略，豈夫識微者之為乎！（《後漢書》卷一百十七〈西羌傳・論〉）

所幸者，孫行者第一次招安，只居天宮半月有餘（第四回），雖然熟悉天上的形勢，而尚未識天上的虛實。到了第二次招安，封為齊天大聖，照太白金星說：「且在天壤之間，收他的邪心，使不生狂妄，庶乾坤安靖，海宇得清寧也。」孫行者果然是「遂心滿意，喜天喜地」（第四回），然而有官無職，亦復可慮。「小人閑居為不善」，志小者淫荒越法，志大者睽孤橫逆。孫行者「日食三餐，夜眠一榻，無事牽縈，自由自在」（第五回），何能「安心定志」（第四回），勢唯「會友遊宮，交朋結義，與那九曜星，五方將，二十八宿，四大天王，十二元辰，五方五老，普天星相，河漢群臣，俱以弟兄相待，彼此稱呼，今日東遊，明日西蕩，雲來雲去，行蹤不定」（第五回）。於是又發生了兩種結果，東遊西蕩，熟悉了山川形勢，會朋交友，領會了天將本事而知天宮虛實，不反則已，反則難於收拾。

不能答。見《資治通鑑》卷一百八十一隋煬帝大業六年。

　　許旌陽似已看到此點，所以啟奏玉帝：「近有齊天大聖，日日無事，閑遊結交，天上諸星宿，不論高低，俱稱朋友，恐後來閑中生事，不若與他一件事管了，庶免別生事端。」（第五回）我們研究歷史，知道革命須有組織，而要從事組織，又須聯絡各方人士。許旌陽以孫行者「閑遊結交」，恐其「別生事端」，確是識微之見。秦末，人心思亂，而最初起義的不是豪族的項梁，也不是流氓的劉邦，而是戍卒的陳勝，蓋唯戍卒才有組織。西漢末年，人心浮動，而起事者多屬鐵官徒④。蓋漢置鐵官於郡縣，從事採礦冶金。工人聚集一處，既有聯絡，而手握鐵器，不難藉以起事。五胡亂華，晉室南渡，終而發生南北朝的對立。這個時代，政治腐化極了，然而歷史上只見叛將，不見叛民，何以故呢？南北交戰，丈夫從軍旅，老弱轉糧餉，人民已經疲於奔命，而役繁稅重，人民工作之後，心身極感疲憊，哪有工夫以從事革命運動。孫行者「日日無事」，而又「閑遊結交」，天上諸星宿俱稱朋友，若有不軌之心，多麼危險。所以玉帝一聽許旌陽之言，即著孫行者代管蟠桃園，「大聖歡喜謝恩」（第五回）。就此情形言之，大率是相安無事了，豈意蟠桃嘉會未被邀請，又闖了一場大禍。飲食男女，人之大慾存焉。在歷史上因飲食而引起禍患者，亦有其例。蘇秦為趙相，張儀上謁求見，蘇秦坐之堂下，賜僕妾之食，張儀怒，遂入秦，用連橫以破合縱之計

---

④　陽朔三年六月潁川鐵官徒申屠聖等百八十人殺長史，盜庫兵，自稱將軍，經歷九郡。永始三年十二月山陽鐵官徒蘇令等二百二十八人攻殺長史，盜庫兵，自稱將軍，經歷郡國十九，殺東郡太守、汝南都尉。見《漢書》卷十〈成帝紀〉。

（《史記》卷七十〈張儀傳〉）。漢高祖用陳平計，以太牢進范
增使者，既知為項王使者，改用惡食食之，項王疑范增與漢
有私，稍奪之權，而卒兵敗垓下，自刎而死（《史記》卷七
〈項羽本紀〉）。最奇怪的莫如鄭靈公烹黿之事。

> 楚人獻黿於鄭靈公，公子宋與子家將見，子公之食指
> 動，以示子家曰，他日我如此，必嘗異味。及入，宰
> 夫將解黿，相視而笑。公問之，子家以告。及食大夫
> 黿，召子公而弗與也。子公怒，染指於鼎，嘗之而出。
> 公怒，欲殺子公。子公與子家謀先。夏弒靈公。（《左
> 傳》宣公四年）

推子公之意，固以為一飲一啄莫非前定，而由靈公看來，飲
食雖微，權力亦在君主。一位召而弗與，一位染指而嘗，跡
近兒戲，其實可以說是「天」與「人」的鬥爭，即神權與君
權的鬥爭。閒話少說，言歸正傳。孫行者既封為齊天大聖，
開府置吏（第四回），其於仙界，官不可謂不高矣。而蟠桃勝
會竟然不許參加。孫行者以為「我乃齊天大聖，就請我老孫
做個尊席，有何不可」（第五回）。顧仙界也和人世一樣，官
僚辦事，往往格於「舊規」。舊規請者皆請，舊規沒有姓名
的，雖然名注齊天，官稱大聖，亦不在邀請之列（第五回）。
這由孫行者看來，當然有害其自尊心，於是偷吃了仙品仙酒，
又誤入兜率天宮，偷吃了太上老君的五個葫蘆金丹。孫行者
知大禍已闖，所怕的乃是「驚動玉帝，性命難存」（第五回）。
走，走，走，走到下界為王。即此時尚有畏敬玉帝之意，而

無窺取帝位之心。

到了玉帝派兵討伐，天將「一個個倒拖器械，敗陣而走」（第五回），既為顯聖真君所擒，而刀砍斧剁，雷打火燒，莫想傷及其身（第七回）。最後雖為老君領去，放在八卦爐中，以火煅煉，而仍不能將其化為灰燼。結果，還是跳出丹爐，「大亂天宮，打得九曜星閉門閉戶，四天王無影無形」（第七回）。這個時候孫行者才萌輕視天宮之心，而欲奪取玉帝尊位。

政治不過「力」而已。最初還是物質上的力，積時既久，人們對「力」發生了畏敬情緒，於是物質上的力變為精神上的權威。物質上的力是有限的，精神上的權威則莫測高深。孫行者最初還懼「驚動玉帝，性命難存」，就是因為玉帝高高在上，尚有權威。但是吾人須知最能表示政治之力者莫如軍事。軍事失敗，將令人們懷疑政府的統治力。隋煬帝時，役繁稅重，「百姓思亂，從盜如市」（《隋史》卷六十四〈魚俱羅傳〉）。然而此輩只是飢寒交迫之徒，其勢雖足以擾亂社會，而卻不足以變易皇朝。到了大業八年車駕渡遼，親征高麗，大敗而歸，皇室的權威便降低了。所以大業九年第二次討伐高麗之際，世家子弟的楊玄感就乘機起事，而亂事規模亦忽然擴大。「大則跨州連郡，稱帝稱王，小則千百為群，攻城剽邑」（《隋史》卷四〈煬帝紀・史曰〉），隋祚隨之而亡。在民主國，外戰可停止內訌，在專制國，外戰常引起內亂。此無他，政治腐化，人心思亂，本來震懾於君主的權威，不敢反抗，軍事失敗，人民對於政府的力發生疑問，從而對皇室的尊嚴便不像從前那樣的畏敬。於是過去是國人莫敢言，道路

以目，現在則一夫夜呼，亂者四應了。由此可知孫行者於逃
出丹爐，大敗天將之後，何以一反過去作風，不再畏敬玉帝，
而欲竊取天位了。他要求玉帝搬出天宮，讓他居住，以為「玉
帝輪流做，明年到我家」（第七回）。這種革命思想與項羽所
說「彼可取而代也」，劉邦所說「大丈夫當如是也」，同出一
轍。弄到結果，玉帝只有借用外國軍隊，如來略施法力，孫
行者便壓在五行山石匣之中。

　　其實，孫行者亦有取敗之道。他既已投降，籍名在籙，
則與玉帝有君臣之義。臣篡君位，在吾國歷史上固然不乏其
例。然而須有兩個條件：一是皇室式微，君主失去權威，二
是臣下建立武勳，苟能樹奇功於異域，則人望已歸，禪讓之
事更易成功。司馬昭平蜀之後，才敢接受九錫，傳至子炎，
方能稱帝。晉時，桓溫兵屈灞上，戰敗枋頭，而回國之後，
竟然欲移晉鼎，其不能成功，理之當然。劉裕與桓溫不同，
伐燕，平定齊地；伐蜀，譙縱授首；伐秦，觀兵函渭。三次
進兵，未曾一次失敗，其武功大略不但可以震主，抑亦可以
威民，故能坐移天曆，而成移鼎之業。李延壽說：

> 宋武帝崛起布衣，非藉人譽，一旦驅率烏合，奄興霸
> 緒，功雖有餘，而德猶未洽，非樹奇功於難立，震大
> 威於四海，則不能成配天之業，一異同之心，故須外
> 積武功，以收人望。（《南史》卷十六〈王鎮惡傳・
> 論〉）

這個見解可以說是放之四海而皆行。袁世凱於承認廿一條之

後，竟然洪憲稱帝，其不成功，理之必然。該撒樹大威於西
班牙，歸而秉政。拿破崙立奇功於義大利，進而略取埃及，
歸而為獨裁官。中外歷史初無二致。孫行者如何呢？玉帝尚
為群仙尊敬的對象，孫行者固然名注齊天，官封大聖，然而
未立大威於仙界，又未樹奇功於西天，只因蟠桃大會未被邀
請，沖冠一怒，只為佳釀，是直子公之流，何能博得群仙同
情，其覬覦帝位，終歸失敗，可以說是理之當然。

玉帝永保至尊的地位

萬事由力決定，這不但人類社會如此，神仙社會尤見其然。

神仙的力稱為法力。仙位的高低由法力大小決定，生命的長短以法力大小為標準。照須菩提祖師說：「五百年後，天降雷災打你，……再五百年後，天降火災燒你，……再五百年，又降風災吹你」，這叫做三災（第二回），而總稱為劫。當劫運來臨之時，誰法力大，誰便能逃出鬼門關。

玉帝「自幼修持，苦歷過一千七百五十劫，每劫該十二萬九千六百年」（第七回）。即須菩提祖師所說的劫還是小劫；玉帝所歷的劫乃是大劫。歷無數次的大劫而不滅，可知玉帝是法力無邊的。然而我們熟讀了《西遊記》之後，又覺得玉帝只是庸庸多後福之輩。當孫行者打到龍宮，強索兵器，打到冥府，強銷死籍，龍王上表，冥王啟奏，懇乞調遣天兵，收降妖孽之時，玉帝雖欲派遣神將下界擒拿，而聽到太白金星提議招安，玉帝即說，「依卿所奏」（第三回）。到了孫行者

嫌惡官小，逃出天宮，自稱齊天大聖之時，玉帝又欲派遣天
兵，下界收伏，而聽到太白金星提議再降招安聖旨，玉帝復
說，「依卿所奏」（第五回）。及至孫行者擾亂蟠桃大會，玉帝
派了天兵天將圍攻花菓山，而均打得倒拖器械，敗陣而走（同
上）之時，觀世音菩薩請調顯聖真君助力剿除，玉帝聞言，
即傳調兵的旨意（第六回）。後來，孫行者逃出丹爐，大亂天
宮，打得九曜星閉門閉戶，四天王無影無形之時，玉帝自己
又不略施法力，而乃傳旨請佛老降妖（第七回）。玉帝有智慧
而不用，有法力而不施乎？抑或既無智慧，又無法力乎？

　　說到這裡，我不能不想堯之為君。

　　大哉堯之為君也，巍巍乎，唯天為大，唯堯則之，蕩
　　蕩乎，民無能名焉。

孔子至聖，其於堯也，如斯推崇。然據《尚書》所言，堯時
洪水為災，「浩浩滔天，下民其咨」。四岳薦鯀治水，堯雖知
其「方命圮族」，而仍任用之。結果如何？「九載績用弗成」
（《尚書‧堯典》）。到了虞舜攝政，才「殛鯀於羽山」（《尚
書‧舜典》）。堯之舉舜也，可以說是能知人能官人矣。其實，
也是四岳所薦，觀堯之言：「俞，予聞，如何」，「我其試哉」
（《尚書‧堯典》）。可知堯不是知舜而用之，而是因四岳之薦
而試用之。班固云：「四岳謂四方諸侯」（《漢書》卷十九上
〈百官公卿表〉），亦即酋長會議。因酋長會議之薦而用鯀，
老百姓多受九年之災，因酋長會議之薦而用舜，天下為之大
治。功過相抵，何以說「巍巍乎大哉」？

　　玉帝庸庸而能永享無極大道（第七回），帝堯無為於上，而竟博得「巍巍乎大哉」之名，其故安在？因為他們都能知道治術。莊子有言：

> 上無為也，下亦無為也，是下與上同德。下與上同德，則不臣。下有為也，上亦有為也，是上與下同道；上與下同道，則不主。上必無為，而用天下；下必有為，為天下用，此不易之道也。故古之王天下者，知雖落天地，不自慮也。辯雖彫萬物，不自說也。能雖窮海內，不自為也。（《莊子》第十三篇〈天道〉）

由此可知莊子所謂「無為」，絕不是尸位素餐，而是如管子所說：

> 有道之君……不言智能聰明，智能聰明者下之職也，所以用智能聰明者上之道也。（《管子》第三十篇〈君臣上〉）

慎子亦說：

> 君臣之道，臣事事，而君無事。君逸樂，而臣任勞。臣盡智力以善其事，而君無與焉，仰成而已，故事無不治……人君自任……則是代下負責蒙勞也。臣反逸矣……有過則臣反責君，逆亂之道也。（《慎子・民雜》）

豈但法家之思想如此，荀子說：

> 人主者以官人為能者也，匹夫者以自能為能者也。人
> 主得使人為之，匹夫則無所移之。百畝一守，事業窮，
> 無所移之也。今以一人兼聽天下，日有餘而治不足者，
> 使人為之也。大有天下，小有一國，必自為之然後可，
> 則勞苦耗顇莫甚焉。如是，則雖臧獲不肯與天子易執
> 業。以是懸天下，一四海，何故必自為之；為之者，
> 役夫之道也。（《荀子》第十一篇〈王霸〉）

荀子的思想傳至其徒韓非，又加以發揮，韓非說：

> 明君之道，使智者盡其慮，而君因以斷事，故君不窮
> 於智；賢者效其材，君因而任之，故君不窮於能。（《韓
> 非子》第五篇〈主道〉）
> 人主之道，靜退以為寶。不自操事，而知拙與巧；不
> 自計慮，而知福與咎。（同上）

試以劉邦為例吧，蕭何推薦韓信，以為國士無雙，漢王即拜
為大將。張良勸漢王不要立六國後，漢王令趣銷印。陳平躡
漢王足，漢王寤，即立韓信為齊王。婁敬勸高祖入關而都之，
高祖疑未決，及聞張良言，即日駕西都關中。此數者皆可以
證明高祖絕不固執己見，而從善之速又可驚人。高祖說：

> 夫運籌帷幄之中，決勝千里之外，吾不如子房。填國

> 家，撫百姓，給餉餽，不絕糧道，吾不如蕭何。連百
> 萬之眾，戰必勝，攻必取，吾不如韓信。三者皆人傑，
> 吾能用之，此吾所以取天下者也。

計謀耶，他絕不自作主張，而聽張良之言。國政耶，他絕不
自作主張，而聽蕭何之言。攻戰耶，他絕不自作主張，而聽
韓信之言。這種作風在爭天下之時，尚是成功的條件；在守
天下之時，更不失為聰明的辦法。何以故呢？韓非云：「有功
則君有其賢，有過則臣任其罪。」（同上）「事成則君收其功，
規敗則臣任其罪。」（《韓非子》第四十八篇〈八經〉）天下最
合算的事莫過於此。

　　在專制時代，人主所恃以維持地位者，在於其有威嚴。
威嚴生於神秘，有了神秘，臣民對於君主猶如敬神一樣，發
生了畏敬之念。愚夫愚婦無不畏敬菩薩。菩薩何以有威嚴？
因為菩薩是神秘的。菩薩何以神秘？一因菩薩絕不發言。天
何言歟，四時生焉，百物生焉。不言乃所以保存神秘。倘若
菩薩能夠和人對話，試問吾人對這菩薩將作何種感想？人類
所以與其他萬物不同者，在人類能夠發言。發言過多，由人
類觀之，必認為與我同類，而失去神秘的性質，萬不得已而
須發言，亦宜以少言為妙。唐太宗「善持論，每與公卿言及
古道，必詰難往復。劉洎上書諫曰：『皇天以無言為貴，聖人
以不言為德，伏願略茲雄辯。』」（《舊唐書》卷七十四〈劉洎
傳〉）此戒人主多言也。老子其猶龍乎，其所著的《道德經》
不過五千餘言。孔子至聖也，觀《論語》所載，孔子之言往
往只有結論，而不說出理由。「學而時習之，不亦悅乎」，何

以故？至聖不言，後儒言之。這便是好辯的孟子只能退居亞
聖的理由；也便是《南華經》不及《道德經》奧妙的地方。
二因菩薩坐在深龕之中，外掛黃帳，前焚檀香，隱隱約約，
看不見廬山真面目。凡人遇到平常習見之人，往往有狎昵之
念，而無畏敬的情緒。拿破崙是偉大的，而最不以拿破崙為
偉大者則為約瑟芬 (Josephine)。她讀了拿破崙寄來的情書，
看見了拿破崙求愛的醜狀，拿破崙不過常人而已，哪裡有什
麼偉大。古者天子深居九重之中，並不是單單享樂而已，蓋
不欲百姓目擊帝王的日常生活。

> （漢七年）蕭何治未央宮，上見其壯麗，甚怒，謂何
> 曰：「天下匈匈，勞苦數歲，成敗未可知，是何治宮室
> 過度也！」何曰：「天子以四海為家，非令壯麗，無以
> 重威。」上悅。(《漢書》卷一下〈高祖紀〉)

殖民地的衙署往往比其本國衙署巍峨偉大。為的什麼呢？不
如是，不足壯威；不如是，將令士民看見總督的日常生活。
　　我曾到過龍虎山，會過張天師。提起張天師，誰都知道
他是愚夫愚婦所認為活神仙的。然而最不相信張天師的，卻
是龍虎山的人民。何以故呢？他們看見了張天師出生，看見
了張天師進學，看見了張天師結婚，又看見了張天師吃飯，
更看見了張天師與太太吵架。一切神秘都沒有了，何能引起
別人畏敬的情緒。古者天子往往力足以駕御群臣，而威不足
以控制閹宦，就是因為前者只見天子衮袍登場，後者常睹天
子袒裼在宮中玩耍。

　　說到這裡，離題遠了。其實，不過說明「神秘」二字。玉帝不表示自己的法力，不發表自己的意見，無非要令群仙摸不著頭腦，俾能保全自己的神秘。韓非所謂「不自操事」與「不自計慮」也就是玉帝不表示法力與不發表意見之意。因為施展法力，將令群仙知道自己法力之高低，有法力而不施展，仙人將莫測深淺。表示意見，將令群仙知道自己智慧之大小，有智慧而不發表，仙人亦莫測深淺。於是有法力者成為全能，有智慧者成為全知，此之謂「上德不德，是以有德」（《老子》第三十八章）。

　　「人主之道，不自操事」，「使賢者效其材，君因而任之」。要是自己操事，操得好，有誰賞你，操得不好，威嚴掃地。隋煬帝處處都要表示自己的才智，甚至欲與文人爭名。

　　　薛道衡死，帝曰：「更能作『空梁落燕泥』否？」王冑
　　　死，帝誦其佳句曰：「『庭草無人隨意綠。』復能作此
　　　語耶？」（《資治通鑑》卷一百八十二隋煬帝大業九年）

以九五之尊而竟嫉妒文人，可謂愚蠢極矣。其最愚蠢的莫過於親征高麗。古者天子非萬不得已，絕不御駕親征。隋煬帝親征高麗，蓋欲「軼轢軒唐，奄吞周漢，振古以來，一君而已」。其實，這只是愚人愚事。命將出師，敗北，尚可歸罪於將；御駕親征，大敗，誰負其責？太子不過儲君，尚且寧可間居無事，不宜冒險建立奇功。蓋如四皓所說：「太子將兵有功，即位不益，無功，則從此受禍。」（《漢書》卷四十八〈張良傳〉）然而隋煬帝至死不悟，且說：「我自行，猶不克，直

遣人去，安得有功。」（《資治通鑑》卷一百八十二隋煬帝大業九年）玉帝不肯施展法力，這便是玉帝能夠永保仙界九五之尊的理由。

「人主之道，不自計慮」，「使智者盡其慮，而君因以斷事」。這種作風也是聰明之至。倘若自己計慮，計慮當耶，無賞可得；計慮不當，將失去臣民的信仰。古者，賢聖之君關於用人行政，絕不表示意見，常令群臣言之，宋時，豐稷為殿中侍御史，上疏哲宗曰：

> 陛下明足以察萬物之統，而不可用其明，智足以應變曲當，而不可用其智。（《宋史》卷三百二十一〈豐稷傳〉）

明而不察，智而不用，蓋欲保存自己的神秘。其結果，將如韓非所言：

> 不賢而為賢者師，不智而為智者正，臣有其勞，君有其成功，此之謂賢主之經也。（《韓非子》第五篇〈主道〉）

帝堯「聰明文思，光宅天下」（《尚書‧堯典》），而每事絕不固執己見，「闢四門，明四目，達四聰」（《尚書‧舜典》），故能博得「巍巍乎大哉」之名。此之謂「上德無為，而無不為」（《老子》第三十八章），亦即荀子所說：「大巧在所不為，大智在所不慮。」（《荀子》第十七篇〈天論〉）他又說：

天子不視而見，不聽而聰，不慮而知，不動而功，塊
然獨坐，而天下從之如一體，如四肢之從心，夫是之
謂大形。(《荀子》第十二篇〈君道〉)

董仲舒亦說：

為人主者以無為為道，以不私為寶。立無為之位，而
乘備具之官，足不自動，而相者導進，口不自言，而
擯者贊辭，心不自慮，而群臣效當，故莫見其為之，
而功成矣。(《春秋繁露》第十八篇〈離合根〉)

漢武帝時，丞相田蚡「言灌夫(時為九卿)家在潁川，橫甚，
民苦之，請案之。上曰：『此丞相事，何請？』」(《漢書》卷
五十二〈灌夫傳〉)甚至太子弄兵，武帝「問丞相(劉屈氂)
何為，丞相長史對曰：『丞相秘之，未敢發兵。』上怒曰：
『事籍籍如此，何謂秘也？丞相無周公之風矣，周公不誅管
蔡乎！』」(《漢書》卷六十六〈劉屈氂傳〉)反之，隋文帝則
不然了。

每旦臨朝，日側不倦。楊尚希諫曰：「願陛下舉大綱，
責成宰輔，繁碎之務，非人主所宜親也。」(《隋書》
卷四十六〈楊尚希傳〉)
柳彧見上勤於聽受，百僚奏請多有煩碎。上疏諫曰：
「比見陛下留心治道，無憚疲勞，亦由群官懼罪，不
能自決，取判天旨，聞奏過多，乃至營造細小之事，

　　出納輕微之物，一日之內，酬答百司，至乃日昃忘食，
　　夜分未寢，動以文簿憂勞聖躬。伏願察臣至言，少減
　　煩務，若經國大事，非臣下裁斷者，伏願詳決，自餘
　　細務，責成有司。」（《隋書》卷六十二〈柳彧傳〉）

這種察察為明，事事皆管，似是考覆名實，其實有背於君人
之道。韓非說：「明君不躬小事」（《韓非子》第三十五篇〈外
儲說右下〉），又說：「下君盡己之能，中君盡人之力，上君盡
人之智。」（《韓非子》第四十八篇〈八經〉）盡己之能者自己
操事；盡人之力者自己計慮；盡人之智者不自操事，不自計
慮。蓋如慎子所說：

　　君之智未必最賢於眾也，以未最賢而欲以善盡被下，
　　則不贍矣，若使君之智最賢，以一君而盡贍下則勞；
　　勞則有倦，倦則衰，衰則復返於不贍之道也。是以人
　　君自任而躬事，則臣不事事，是君臣易位也，謂之倒
　　逆，則亂矣。人君苟任臣，而勿自躬，則臣皆事事矣，
　　是君臣之順，治亂之分，不可不察也。（《慎子・民
　　雜》）

「宋仁宗朝，有勸仁宗以收攬權柄，凡事皆從中出，勿令人
臣弄威福。仁宗曰：『卿言固善，然措置天下事，正不欲專從
朕出。若自朕出，皆是則可，有一不然，難以遽改。不若付
之公議，令宰相行之，行之而天下不以為便，則臺諫公言其
失，改之為易。』」（陳亮《中興論・論執要之道》）蓋「百發

失一，不足不善」（《荀子》第一篇〈勸學〉）。而仁宗亦以為
國家的政策應由大臣決定，政策之良窳應由臺諫批評，人主
只可依臺諫之意，更迭大臣，依大臣之意，決定政策。其實，
仁宗好「內降璽書」（《宋史》卷三百十一〈龐籍傳〉）。神宗
亦「多出親批」，富弼曾有諫言（《宋史》卷三百十三〈富弼
傳〉）。欽宗「御筆數出」（《宋史》卷三百七十八〈劉珏傳〉）。
王介以為，「崇寧大觀間，事出御批，遂成北狩之禍」（《宋
史》卷四百〈王介傳〉）。「南渡以後，此風更熾。高宗時從官
皆以御筆除拜」（《宋史》卷三百七十八〈綦崇禮傳〉）。天子
既然喜下手諭，於是「百司不肯任責，事有不當上煩天聽者，
例多取旨。由是天子聽覽，每及細務」（《宋史》卷三百八十
一〈晏敦復傳〉）。寧宗「即位未三月，策免宰相，遷易臺諫，
悉出內批」（《宋史》卷四百〈王介傳〉），結果乃為奸臣利用，
「韓侂冑擅命，凡事取內批特旨」（《宋史》卷三百九十六〈倪
恩傳〉，參閱卷四百七十四〈韓侂冑傳〉），其一例也。理宗
時，「今日內批，明日內批，邸報之間以內批行者居其半」
（《宋史》卷四百五〈劉黻傳〉）。度宗時，「內批疊降」（同
上）。此皆末世天子喜自操事，喜自計慮之例也。荀子云：
「明主好要，而闇主好詳。主好要，則百事詳。主好詳，則
百事荒。」（《荀子》第十九篇〈禮論〉）此之謂也。

　　豈但天子不宜操事，不宜計慮，就是宰相亦以不管小事
為宜。「夫相大官也，處大官者，不欲小察，不欲小智」（《呂
氏春秋》卷一〈孟春紀〉第四篇〈貴公〉）。漢文帝時，陳平
為丞相，上問天下一歲決獄幾何，天下錢穀一歲出入幾何。
「平曰：『各有主者。』上曰：『主者為誰乎？』平曰：『陛下

即問決獄，責廷尉；問錢穀，責治粟內史。』上曰：『苟各有主者，而君所主何事也？』平謝曰：『主臣，陛下不知其駑下，使待罪宰相。宰相者上佐天子，理陰陽，順四時，下遂萬物之宜，外填撫四夷諸侯，內親附百姓，使卿大夫各得任其職也。』上稱善。」（《漢書》卷四十〈王陵傳〉）宣帝時，丙吉為丞相，「嘗出逢清道群鬬者，死傷橫道。吉過之不問，掾史獨怪之。吉前行，逢人逐牛，牛喘吐舌。吉止駐，使騎吏問逐牛行幾里矣。掾史獨謂丞相前後失問。或以譏吉，吉曰：『民鬬相殺傷，長安令京兆尹職所當禁備逐捕，歲竟，丞相課其殿最，奏行賞罰而已。宰相不親小事，非所當於道路問也。方春少陽用事，未可大熱，恐牛近行，用暑故喘，此時氣失節，恐有所傷害也。三公典調和陰陽，職所當憂，是以問之。』掾史乃服，以吉知大體。」（《漢書》卷七十四〈丙吉傳〉）觀此兩事，可知漢代宰相乃決定大政方針，縱是預算上收支多少，亦可不知。因此之故，凡喜察察為明者，雖然才優而行謹，亦常不願委之以重任。

> 趙禹事太尉周亞夫，亞夫為丞相，禹為丞相史，府中皆稱其廉平，然亞夫弗任，曰極知禹無害，然文深，不可以居大府。（《漢書》卷九十〈趙禹傳〉）

蓋察察為明之人往往不知大體，而如范純仁所謂「知小忘大，貪近昧遠」（《宋史》卷三百十四〈范純仁傳〉），令其總百官，揆百事，必顧此而失彼，僨事誤國，十有其九。

　　當然，人主不自操事，不自計慮，而能達到有功的目的，

必須人主有判斷之力，又有決斷之心。人主沒有判斷之力，則他所認以為是者，也許為非；他所認以為非者，也許為是。是非不明，將如韓非所說：「燕子噲賢子之而非孫卿，故身死為僇。夫差智太宰嚭而愚子胥，故滅於越。」（《韓非子》第三十八篇〈難三〉）人主沒有決斷之心，則遲疑不決，往往失去良機。劉邦為人，哪裡有什麼特出之才。只因他的判斷力與決斷心極強，故能成就大事。他聽到蕭何之言，即召韓信拜為大將；他聽到張良之言，即銷毀六國之印；他聽到陳平之言，即立韓信為齊王；他聽到婁敬之言，經張良同意之後，即日車駕西都長安。蓋不「即日」，則左右大臣皆山東人，他們在洛陽已經買了地皮，建了洋樓，必勸高祖不要遷都。（參閱《漢書》卷四十〈張良傳〉）

　　但是這兩個條件——判斷力與決斷心——又不是人主所皆有的。因之，人主不自操事，不自計慮，有時將給權臣或奸臣以弄權的機會。阿斗唯諸葛亮之言是聽，而不發生問題，這是歷史上少有的例。宋神宗信任王安石，國事已經弄到一團糟。寧宗信任韓侂冑，度宗信任賈似道，整個國家都斷送了。這種危險在立憲君主國不會發生，縱其有之，亦由人民負責。蓋君主高拱於上，不負責任；負責任的乃是內閣總理，而誰為內閣總理，又以民選議員的多數意見為標準。多數議員若認某人為賢，該人就是賢；多數議員若認某項政策為對，該項政策就是對。方法簡單，不致引起爭端，而最後決定權則操於人民。所以政治發生問題，人民自己須負其責，不能歸咎於君主。這就是英國王位穩固的原因。由此可知一國元首要謀地位之鞏固，就不宜掌握大權，而想掌握大權者，地

位必難鞏固。一方掌握大權,他方又欲地位鞏固,縱在古代專制國家亦不可能。劉向說過:「天命所授者博,非獨一姓也。」(《漢書》卷三十六〈劉向傳〉)何況今日的民主國。

太白金星的姑息政策

　　孫行者打到龍宮，強索武器，打到冥府，強銷死籍，似此目無法紀，理宜派兵討伐，就地正法，以警後尤。而當龍王啟奏，「懇乞天兵收此妖孽」，冥王上表，「伏乞調遣天兵，收降此妖」之時，玉帝欲派神將下界收服，而太白金星竟然建議：

> 降一道招安聖旨，把他宣來上界，授他一個大小官職，與他籍名在籙，拘束此間。（第三回）

到了孫行者嫌惡官小，反下天宮，自稱齊天大聖之時，玉帝欲遣天兵下界擒拿，而太白金星又復啟奏：

> 如兵與他爭鬥，想一時不能收伏，反又勞師。不若萬歲大捨恩慈，還降招安旨意，就教他做齊天大聖。且在天壤之間，收他的邪心，使不生狂妄，庶乾坤安靖，

　　海宇得清寧也。（第四回）

玉帝領袖群仙，妖猴作亂，不加討伐，而乃降詔招安，授以
官職。這叫做姑息政策。姑息政策是唐代天子用以對付方鎮
的。歐陽脩說：

　　夫所謂方鎮各節度使之兵也……方鎮相望於內地……
　　天子顧力不能制，則忍恥含垢，因而撫之，謂之姑息
　　之政。（《新唐書》卷五十〈兵志〉）

姑息政策是求苟安無事，而結果往往適得其反。專制政府的
權威是用「力」維持的，不能依靠恩情。天子姑息臣下，也
許出於恩情，而由方鎮看來，必以朝廷為軟弱無力。朝廷愈
姑息，方鎮愈跋扈，這是必然之勢。玉帝兩次降詔招安，孫
悟空第一次覲見玉帝，既不拜伏參見，而又自稱老孫，仙卿
大驚失色，而玉帝卻說：「孫悟空初得人身，不知朝禮，且姑
恕罪。」（第四回）第二次覲見玉帝，官封齊天大聖，玉帝告
訴他：「官位極矣，但切不可妄為。」孫悟空還是唱喏而退
（第四回）。第一次不識朝儀，猶可說也，第二次不識朝儀，
不無蔑視朝廷之意。似此梟鴟，而乃待以殊恩，開府置吏（第
四回）。玉帝此舉，由我們研究政治的人看來，不能不說他犯
了極大的錯誤。政治不過「力」而已。凡倚力而取得大位者，
不是用力以拘束之，就宜用術以折服之。韓信歸漢之時，漢
王「擇日齋戒設壇場具禮」，拜為大將（《漢書》卷三十四〈韓
信傳〉）。英布歸漢之時，漢王「方踞床洗，而召布入見」（《漢

書》卷三十四〈黥布傳〉。蓋韓信身無一卒,而英布早已為王。無一卒者,待以殊禮,信必心悅。已為王者,難免不自尊大,故宜峻其禮,令布折服。《漢書》卷三十四〈黥布傳〉顏師古注曰:

> 高祖以布先久為王,恐其意自尊大,故峻其禮,令布折服,既而美其帷帳,厚其飲食,多其從官,以悅其心,此權道也。

玉帝不識此中道理,以為恩情相待,可以羈維其心,豈知孫行者並不認為恩情,反而謂群仙碌碌,莫如我何,卒至大亂天宮,要求玉帝讓位,他說:「強者為尊該讓我。」又說:「他(玉帝)不應久住在此。」(第七回)姑息政策必歸失敗,觀此可以知道。

姑息政策只能苟安一時,漢初,「諸侯小者淫荒越法,大者暌孤橫逆」(《漢書》卷十四〈諸侯王表〉),而如賈誼所說:

> 諸王雖名為臣,慮亡不帝制而天子自為者,擅爵人,赦死罪,甚者或戴黃屋,漢法令非行也。(《漢書》卷四十八〈賈誼傳〉)

尤以吳王濞為甚,「文帝寬不忍罰」(《漢書》卷三十五〈吳王濞傳〉)。但是文帝好刑名之言(《漢書》卷八十八〈儒林傳·序〉)。其寬忍不是姑息,蓋準備不夠,罰則生變,故乃一方寬忍,他方又依賈誼「力少則易使以義,國小則無邪心」之

言，分齊為六，分淮南為三（《漢書》卷四十八〈賈誼傳〉），復依賈誼「梁足以扞齊趙，淮陽足以禁吳楚」之策（同上），徙子代王武為梁王，而以淮陽為郡①。七國叛變，淮南三國無不附漢（《漢書》卷四十四〈淮南厲王長傳〉），而梁王又「城守睢陽，以拒吳楚，吳楚以梁為限，不敢過而西」（《漢書》卷四十七〈梁孝王武傳〉），所以周亞夫之兵一出武關，七國之亂即平。由此可知國家發生外患或內難之時，倘力不能制，必須一方寬忍，一方準備。只寬忍而不準備，國必亡；只準備而不寬忍，國必危。勾踐臥薪嘗膽，何曾讓夫差知道。小不忍則亂大謀，為國者固不宜逞一時的意氣。

　　唐之對付方鎮與漢不同。安史亂後，「武夫戰卒以功起行陣，列為侯王者，皆除節度使，由是方鎮相望於內地，大者連州十餘，小者猶兼三四」（《新唐書》卷五十〈兵志〉）。「遂擅署吏，以賦稅自私，不朝獻於廷，以土地傳子孫」（《新唐書》卷二百十〈藩鎮傳・序〉）。他們「既有其土地，又有其人民，又有其甲兵，又有其財賦」（《新唐書》卷五十〈兵志〉），一方「日治兵繕壘，天子不能繩以法」（《新唐書》卷五十一〈食貨志一〉），他方「朝廷或完一城，增一兵，輒有怨言，以為猜貳，常為之罷役」（《資治通鑑》卷二百二十五唐代宗大曆十二年）。即朝廷對於方鎮只有寬忍，而方鎮對於朝廷，則不許其有任何準備。朝廷力不能制，於是姑息愈甚，「王侯通爵，越祿受之，觀聘不來，几杖扶之，逆息虜胤，皇子嬪之」（《新唐書》卷二百十〈藩鎮傳・序〉）。然而賊夫

---

① 文帝二年，武為代王，四年徙為淮陽王，十一年又徙為梁王，淮陽為郡。景帝二年又置淮陽國，立子餘為淮陽王。

貪心沒有限界,「地益廣,兵益強,僭擬益甚,侈心益昌」
(同上)。「喜則連衡而叛上,怒則以力而相攻,及其甚,則
起而弱王室」(《新唐書》卷六十四〈方鎮表·序〉)。由此可
知姑息政策只能苟安於一時,而結果又往往引起大亂於將來。

　　政治以「力」為基礎,「力」又需「法」扶持之。姑息之
政最初因為力不能制。到了有功而不敢賞,有罪而不敢罰,
而如陸贄所說:

　　　欲賞一有功,翻慮無功者反側;欲罰一有罪,復慮同
　　　惡者憂虞。(《舊唐書》卷一百三十九〈陸贄傳〉)

則「法」亦破壞了。法紀蕩然,當然是藩臣叛上,繼之而發
生者將校橫行,又繼而發生者士卒驕恣。將校橫行開始於肅
宗乾元元年以侯希逸為平盧節度使②。德宗貞元以後,「藩臣
缺,必取本軍所喜戴者授之」(《新唐書》卷一百四十一〈盧
從史傳〉)。朝廷既然放棄用人之權,擇將校所喜戴者授以節
度使之職,則野心的人不能不怡顏悅色,討好將校。於是前
此帥臣主政,而將校感其噢咻之恩,樂為之死,現在則將校
擅權,而主帥之生死去留一繫其手。河東諸將殺鄧景山,而
請任命辛雲京為河東節度使(《通鑑》卷二百二十二唐肅宗寶
應元年),成德軍將史誅田弘正,而請任命王廷湊為成德軍節

<hr>

② 　《資治通鑑》卷二百二十唐肅宗乾元元年:「平盧節度使王玄志薨,上
　　遣中使往撫將士,且就察軍中所欲立者,授以旌節。高麗人李懷玉為裨
　　將,殺玄志之子,推侯希逸為平盧軍使。希逸之母懷玉姑也,故懷玉立
　　之。朝廷因以希逸為節度使,節度使由軍士廢立自此始。」

度使（《新唐書》卷一百四十二〈王廷湊傳〉），即其例也。

　　將校橫行，寖假士卒也驕恣起來，因為將校欲奮取主帥的位任，不能不結士卒，以為爪牙之用，而又慮士卒之以助己者助人，患生於肘腋之間，遂不敢制以威令，只能厚其恩施。最初尚是將校收買士卒，以便實行其逐帥自立之計③。其次，士卒便於舊帥死時，自擇新帥，號為留後，以邀命於朝廷④。最後士卒又撼逐主帥，選擇一位傀儡，立之為節度使⑤。各地士卒以魏博牙軍最為驕悍，士卒也同主帥一樣，世襲其職，父子姻黨盤踞軍中，成為一種封建勢力，主帥稍不留意，舉族有被害之虞，時人以魏府牙軍比之長安天子（《新唐書》卷二百十〈羅紹威傳〉）。汴州士卒亦甚驕恣，多逐殺主帥，以利剽劫（《舊唐書》卷一百四十五〈劉玄佐傳〉）。主帥力不能制，或「置腹心之士，幕於公庭廡下，挾弓執劍以備之」（《資治通鑑》卷二百三十五唐德宗貞元十二年）；或屈身取媚，以求士卒的歡心，「至與之雜坐飲酒，把

③　例如魏博節度使田永嗣將死，顧諸子弱，乃命從子悅知節度事，令諸子佐之。悅使緒主牙軍，緒率數十人手刃悅，下令軍中曰：「我先王子，能立我者賞。」眾乃共推緒為留後，詔即拜緒節度使。（《新唐書》卷二百十四田悅、田緒傳）

④　例如魏博節度使田緒暴卒，子三人，季安最幼，年才十五，軍人推為留後，朝廷因授魏博節度使。（《舊唐書》卷一百四十一〈田季安傳〉）

⑤　例如田布為魏博節度使，自引決，軍情囂然。史憲誠為中軍都知兵馬使，諸軍即擁而歸魏，共立為帥，國家因命之。大和三年六月二十六日，夜為軍眾所害。軍眾害史憲誠，連聲而呼曰：「得衙內都知兵馬使何端公（何進滔）知留後，則三軍安矣！」推而立之，朝廷因授進滔魏博節度使。（《舊唐書》卷一百八十一史憲誠、何進滔傳）

臂拊背，或為之執板唱歌」（《資治通鑑》卷二百五十唐懿宗
咸通三年），其欲峻法以繩驕兵者，往往不旋踵反為驕兵所
殺⑥。秦漢以來，有叛將，無叛兵，至唐中葉以後，方鎮兵
變比比皆是。推原其故，姑息政策實為厲階。朝廷畏藩臣之
生事，用姑息以羈維之；藩臣懼將校之反戈，用姑息以安撫
之；將校恐士卒之叛變，用姑息以取媚之。而其結果，兵愈
驕，將愈悍，藩臣亦愈跋扈。

　　到了五代，此風更熾。五代之世，喪亂相承，七十餘年
之中，易代五次，朝為藩臣，暮為天子。安重榮說：「天子兵
強馬壯者當為之，寧有種耶？」（《舊五代史》卷九十八〈安
重榮傳〉）這和孫行者所說：「強者為尊該讓我。」（第七回）
同出一轍。兵強馬壯者得為天子，而在傭兵制度之下，一般
士卒均預備賣給出價最高的人，因之誰賞賫最厚，誰就得兵
強馬壯。朱瑄懸金帛以誘朱全忠之兵，「諸軍貪其厚利，私遁
者甚眾」（《舊五代史》卷十三〈朱瑄傳〉），其一例也。帝位
用金帛買來，所以要維持帝位，不能吝惜金帛，唐莊宗不能
平李嗣源之亂，就是因為不聽宰相盧革之言，出內府金帛，
優給將士。到了形勢危急，急出錢帛，給賜諸軍，而軍士皆
謂：「吾妻子已殍矣，用此奚為？」又說：「陛下賜與太晚，
人亦不感聖恩。」（《舊五代史》卷三十四〈唐莊宗紀〉）軍紀
如斯腐化，當然政變相承，然而吾人須知每次政變又是出於

---

⑥　例如陸長源為宣武軍司馬，初欲峻法繩驕兵，為節度使董晉所持，不克
　　行。晉卒，長源總留後事，大言曰：「將士久慢，吾且以法治之。」舉
　　軍大怒，軍亂，殺長源，食其肉，放火大掠。（《新唐書》卷一百五十一
　　〈陸長源傳〉）

兵變呵！唐時軍士只能擁立藩帥，五代軍士又能擁立天子。楊光遠對亂軍說：「天子蓋公輩販弄之物。」（《舊五代史》卷九十七〈楊光遠傳〉）唐明宗（李嗣源）、唐廢帝（李從珂）、周太祖（郭威）、宋太祖（趙匡胤）都是由軍士擁立的，其擁立未成者尚不知幾何。廢立天子之權操於軍士，這可以說是天下之奇觀，考其原因，實不能不歸咎於唐代姑息之政。

　　現今的人常把寬大認為姑息，又把姑息認為寬大。其實，兩者完全不同。馮唐譏文帝雖有廉頗、李牧不能用（《漢書》卷五十〈馮唐傳〉），汲黯謂武帝用人如積薪，後來者居上（《漢書》卷五十〈汲黯傳〉），兩帝皆能忍受，這是寬大。蓋馮唐官不過郎中署長，汲黯雖為右內史（即京兆尹），而無迫主之勢。「眾辱我」而能忍受，這反可以證明天子之闊達大度。反之，臣下苟有所恃，而乃不守朝儀，或出不遜之言，則忍受不是寬大，而只是姑息。由此可知同一言也，出之於屬官，語雖不敬，亦可優容，優容乃表示吾之雅量；出之於政敵，語雖可採，亦應拒絕，因為採納之時，世人將謂吾畏政敵，而證明政敵之力在吾之上。這是政治上的秘訣。奇怪得很，後世政治家往往不明此旨，一方不肯開懷訪納，下詢芻蕘，使巖穴之士願進於闕下而伸其辭說，他方又極力敷衍野心難馴之輩，雖然沒有「王侯通爵，越祿受之，覬聘不來，几杖扶之」，而軟語溫存，派使慰問，假之以名義，贈之以黃金，確是常見的事。剛者不敢茹，柔者不肯吐，何怪乎人們爭為鴟鴞，而朝廷的權威乃日漸低落。

　　明代初年，亦有藩國之變。結果，建文遜位，成祖入承大統。此蓋建文為人既不能忍，即位伊始，即從書生齊泰、

黃子澄之言，削奪周齊湘代泯諸王之地。又不能狠，在諸王之中，燕王「智勇有大略」，「屢帥諸將出征，威名大振」（《明史》卷五〈成祖紀一〉）。太祖崩殂之時，燕王自北平入奔喪，建文已經發表遺詔，令其無至京師了（同上），建文元年二月燕王入覲，行皇道入，登陛不拜，監察御史劾其不敬，帝曰至親勿問。戶部侍郎卓敬密請徙南昌，以絕禍本，帝又謂燕王骨肉至親，何得及此（《明史紀事本末》卷十六〈燕王起兵〉）。此際若能如相如奏筑，血犯秦王，朱虛行酒，追斬呂氏，抑數武士力耳。顧齊黃不敢進言，建文亦仁柔寡斷，失去大好機會，縱虎歸山，建文地位已不安全。

　　歷史上的事說得太多了，現再言歸正傳。玉帝對於孫行者極盡優容之能事，可謂姑息極矣。而皆不能買其歡心，反而引起孫行者的蔑視，卒至大亂天宮，若非佛老救駕，也許天上皇室早已易姓。此後孫行者皈依佛法，然他仍謂「天上將不如老孫者多，勝似老孫者少」（第五十一回），所以每次覲見玉帝，不過唱個大喏，固然群仙不平，認為村野，而玉帝卻說：「只得他無事，落得天上清平是幸。」（第三十一回）反之，孫行者覲見如來，卻肯低頭禮拜（第五十二回）。此無他，十萬天兵不能抵禦，如來略施法力，就把孫行者壓在五行山石匣之中。以力制力乃是政治上的原則，以恩情籠絡叛徒，只是姑息，不但不能鉗束其人，反將引起更嚴重的叛變。唐及五代的歷史可為殷鑑。

玉帝不留顯聖真君在天宮保駕

　　孫行者大鬧天宮之後，對於文武仙卿頗有輕視之意，他說：「天上將不如老孫者多，勝似老孫者少。」（第五十一回）他所欽佩的只有顯聖真君一人。他說：「小聖二郎（即顯聖真君），方是我的對手。」（第五十一回）他稱福祿壽三老為老弟（第二十六回），而直呼太白金星的小名（第七十四回），唯對顯聖真君頗致恭敬之禮，稱之為兄長，呼之為大哥（第六十三回）。然而顯聖真君雖然「神通廣大」（第六回，觀世音菩薩之言），而在群仙之中，地位不算高。他非住在天宮之內，而是遠居灌州，享受下方香火。當孫行者擾亂天宮，打得個個天將倒拖器械，敗陣而走（第五回），觀世音菩薩請調小聖助力之時，玉帝聖旨明白說過，「成功後，高陞重賞」（第六回），然而小聖擒拿孫行者之後又如何呢？諸神都說：「此小聖之功也。」（第六回）而高陞重賞並未兌現。金花百朵，御酒百瓶，還丹百粒，異寶明珠錦繡等件（第七回），縱可以視為重賞。高陞呢？還是回到灌州，享受下方香火（第

七回）。這與孫行者嫌惡官小，反下天宮，而竟封為齊天大聖（第四回），比較一下，實可令人寒心。忠勇者守法而欺侮之，反叛者強悍而尊榮之。忠勇者既受欺侮，試問誰人願意忠勇。反叛者既得尊榮，則守法者亦將變為反叛。何況玉帝聖旨既已約束「高陞」，而事平之後，又復食言。政令能夠施行，在於政府之有威信。所謂威信不是說用威以行信，而是說立信以樹威，即威是以信為基礎的。商鞅變法，必先徙木立信，到了百姓知令之必行，而後才公布變法之令，不別親疏，不殊貴賤，一斷於法，故以太子師傅，有罪亦受刑之制裁（《史記》卷六十八〈商君傳〉）。這不但是威，而且是信。用威以行信，法家尚不贊成，要是用威以行不信，依儒家「民無信不立」（《論語‧顏淵》），將更有損政府的尊嚴。韓非說：

　　賞莫如厚而信，使民利之；罰莫如重而必，使民畏之。（《韓非子》第四十九篇〈五蠹〉）

玉帝對於大聖，應刑而不敢刑；對於小聖，應賞而不肯賞。

　　政之大本，在於刑賞，刑賞不明，政何以成。（《資治通鑑》卷七十九晉武帝泰始三年）

唐末，黃巢作亂，諸將每於獲勝之後不肯窮追。平盧節度使宋威說：「昔龐勛滅，康承訓即得罪，吾屬雖成功，其免禍乎，不如留賊。不幸為天子，我不失為功臣。」山南東道節度使劉巨源亦說：「國家多負人，危難不吝賞，事平則得罪，

不如留賊，冀後福。」（《新唐書》卷二百二十五下〈黃巢傳〉）天子刑賞無章，何怪臣下不能信任天子。玉帝雖然不像勾踐那樣，兔死狗烹；而危難約束重賞，事平又復吝惜，其去唐代天子實無幾何。

　　但是玉帝何以不願提拔小聖，留在天宮保駕呢？固然有些帝王對於豪英之士，不肯重用；而欲於身死之後，留給兒孫提拔。蓋不得志於先帝，而提拔於後主，他將感恩戴德，不會稍萌貳心。這是用人之術，唐太宗之於李勣即其例也。

　　（太宗疾）謂太子（高宗）曰：「爾於勣無恩，今以事出之，我死，宜即授以僕射，彼必致死力矣。」乃授疊州刺史，高宗立，召授檢校洛州刺史洛陽宮留守，進開府儀同三司，同中書門下，參掌機密，遂為尚書左僕射。（《新唐書》卷九十三〈李勣傳〉）

但是玉帝沒有儲君，他又修成不老不死之身，永享無極大道，則唐太宗對付李勣之術似無必要。

　　按小聖乃玉帝的外甥（第六回），即與玉帝有血統的關係。秦漢以前為貴族政治，秉朝政者或為宗室，或為外戚。秦欲建設中央集權的國家，商鞅變法，設軍功之制，以排除宗室的勢力，「宗室非有軍功論，不得為屬籍」（《史記》卷六十八〈商君傳〉）。范雎為相，「強公室，杜私門」，而排除外戚的勢力，於是昭王遂廢太后而逐穰侯（《史記》卷七十九〈范雎傳〉）。漢興，制度多仍秦舊，故宗室不宜典三河（《漢書》卷三十六〈劉歆傳〉），又有「王舅不宜備九卿」之言

（《漢書》卷七十九〈馮野王傳〉）。末年制度廢弛，祿去王室，權柄外移，王氏一門前後有五大司馬繼續輔政，終而發生了王莽代漢之事。外戚弄權在吾國歷史上並不罕有。東漢外戚多係母后父兄，或為侍中，或典禁軍。為侍中者常侍天子左右①，而得參與機密，竇憲就是「以侍中，內幹機密，出宣詔命」，而操弄國權的（《後漢書》卷五十三〈竇憲傳〉）。典禁兵者在政局動盪之際，更容易利用兵權以取得政權。閻顯兄弟就是「為卿校，典禁兵」而干與朝政的（《後漢書》卷十下〈閻皇后紀〉）。晉初，諸王出擁旄節，入居端揆，勢力布於中外，遂有八王之亂（《晉書》卷五十九〈八王傳〉），是則同姓兄弟固不能恃以屏藩王室也。王敦尚武帝女襄城公主，桓溫尚明帝女南康公主，專任閫外，手控強兵，威勢既振，就有問鼎之心（《晉書》卷九十八王敦、桓溫傳），此駙馬作亂也。王恭乃孝武帝后之兄，庾楷係明帝后之姪，而皆舉兵犯闕②，此外舅作亂也。桓玄為桓溫之子，即晉之外甥，兵馬既盛，就窺覦非望，篡竊天位（《晉書》卷九十七〈桓玄傳〉），則外甥亦不足恃了。內親外戚一旦有權，無不反戈相向，則玉帝不敢拔擢小聖，令其統帥仙將，侍衛左右，固有不得已的苦衷。何況小聖剿匪有功，而又神通廣大，一般天將都不是他的敵手。以如斯之英豪，召在天宮任職，縱不至於反戈，而其勢亦足以迫主。漢時，諸呂作亂，太尉周勃與

① 侍中掌侍左右，贊導眾事，顧問應對，見《後漢書》卷三十六〈百官志三〉。

② 《晉書》卷八十四王恭、庾楷傳，庾楷為庾羲之子，庾羲為庾亮之子，庾亮乃明帝庾后之兄，參閱卷七十三〈庾亮傳〉。

丞相陳平、朱虛侯劉章共誅諸呂。周勃之功最偉，文帝立，拜勃為丞相。只因其有震主之威，所以二年詔遣列侯之國。三年詔曰：

> 前日吾遣列侯就國，或頗未能行。丞相朕所重，其為朕率列侯之國，乃免相就國。（《漢書》卷四十〈周勃傳〉，參閱卷四〈文帝紀〉）

小聖建有大功，玉帝令其回到灌州服務，大率也是文帝遣周勃就國之意。

　　我這種看法並不是亂自推測。當小聖降伏大聖，大聖逃出丹爐，大亂天宮之時，在別人必將再調小聖救駕，而玉帝卻請佛老降妖（第七回）。玉帝深知君人之法，對於各種事件，往往不肯自作主張，其招安大聖，是聽太白金星之言（第三回及第四回），調小聖助力，是聽觀世音菩薩之言（第六回）。此次未詢諸仙，而即傳旨請如來救駕（第七回）。不調自己的兵，而去請外國軍隊，為的什麼呢？因小聖不是大聖之敵麼，恐小聖戴震主之威，挾不賞之功，而有害帝位之安全麼？二者必有一於是。小聖既曾降伏大聖，咬天狗並未死亡，太上老君的金剛琢仍然存在（參閱第七回），七七四十九日以前能夠降伏大聖，難道七七四十九日之後，就非大聖之敵。既是這樣，則玉帝不肯再調小聖救駕，只有一個原因：「夫勢在人臣之位，而有震主之威，名高天下。」此蒯通所以代韓信憂慮（《史記》卷九十二〈淮陰侯傳〉），小聖固然危險，而玉帝亦不安心。

　　其實，玉帝這種擔心乃是看錯了小聖之為人。觀世音菩薩推薦小聖之時，曾說了一句話：「奈他只是聽調，不聽宣。」（第六回）調是他率兵勤王，宣是宣他入朝觀見。「聽調不聽宣」就是孟子所說「召之役，則往役。君欲見之，召之，則不往見之。往役義也，往見不義也」（《孟子‧萬章下》）之意。無事不入公門，危難不避危險，行誼如此，可以稱為骨鯁之臣了。古者大有為之君必有所不召之臣，召之即來，揮之即去，這是僕妾之行。悠悠風塵皆奔競之士，列官千百無謇諤之風，一旦遇到中原板蕩，希望他們挽回狂瀾，支大廈於將傾，絕不可能。然而謇諤之士往往不見容於當道。玉帝久居大位，難免糊塗。而群仙之中，元老如太上老君者，乃是老邁不任事，依違不侵權之人。後生小子除了托塔李天王與哪吒太子還有幾件降妖兵器（第五十回，孫行者之言）之外，大率都是碌碌無能之輩，他們必以小聖之內遷有害於自己的前途。看吧！小聖神通廣大，南海觀世音菩薩尚能知道（第六回），而群仙之中竟然無人推舉。這是否因是嫉賢妒能，吾人不能無疑。惟有蕭何，才肯往追韓信而薦為大將（《史記》卷九十二〈淮陰侯傳〉），唐之李林甫則不然了。

> 林甫嫉儒臣以方略積邊勞，且大任。欲杜其本，以久己權，即說帝用蕃將，帝然之，因擢安祿山等為大將，卒稱兵蕩覆天下，王室遂微。（《新唐書》卷二百二十三〈李林甫傳〉）

群仙沉默，誰能保證他們的想法不與李林甫相同。在這種官

僚政治之下，小聖建立大功，玉帝縱欲提拔，亦必受了群仙牽制，而不敢舉不避親了。陸贄說：

> 欲賞一有功，翻慮無功者反側；欲罰一有罪，復慮同惡者憂虞。罪以隱忍而不彰，功以嫌疑而不賞，姑息之道乃至於斯……此義士所以痛心，勇夫所以解體也。（《舊唐書》卷一百三十九〈陸贄傳〉）

道教沒落，理所當然。何怪《封神榜》上道教同志之慈航道人、普賢真人、文殊廣法天尊在《西遊記》上，竟然變成佛教信徒之三大士呢！

玉帝請如來救駕

　　玉帝為道教的元首，如來乃佛教的領袖。孫行者大亂天宮，文武仙卿莫能抵禦。玉帝急請佛老救駕，如來略施法力，孫行者就壓在五行山石匣之中（第七回）。道教產生於中國，佛教發祥於天竺，外國宗教比之中國宗教，法力更見偉大，這種觀念如何發生呢？

　　人類在悲觀絕望之時，常常發生神秘心理，而傾向於宗教思想，文化幼稚的民族尤見其然。中世紀的歐洲、五胡亂華以後的中國，宗教均乘蠻族移動之際大見流行，其理由是一樣的。但是中國人民素以中華文化自誇，而乃不信奉中國固有的宗教，而去皈依外國人所創立的佛教，原因何在，吾人似有檢討的必要。一切宗教不外地上權力反映於人類的腦髓之中，由幻想作用而創造出來的東西。佛教於東漢明帝之世傳入中國，經魏晉而至南北朝，流行愈廣。魏晉南北朝乃中國最紛亂的時代，人民陷於水深火熱之中，然而國家不能拯救他們，皇帝不能拯救他們，官吏不能拯救他們，名流學

者不能拯救他們。總而言之，他們固有的地上權力對於他們都沒有辦法，由是他們的天上權力——神，也不能得到他們的崇拜。他們不禁懷疑自己的神。他們希望換換口味，而歡迎那個為外國人崇拜而未為本國拜過的神。佛教便是在這種社會心理之中流行起來。

　　孫行者大鬧天宮，玉皇竟請佛祖救駕。這個故事表示什麼呢？孔子著《春秋》，「內諸夏而外夷狄」（《公羊傳》成公十五年），雖謂「管仲之器小哉」（《論語‧八佾》），又因其能平戎於周，而稱其仁，曰「微管仲，吾其被髮左衽矣」（《論語‧憲問》）。在此以前，國人似不知華夷之別，申侯引犬戎攻殺幽王，平王東遷雒邑。這是歷史上第一次國人勾結外族以侵華夏之例。「平王之末，周室陵遲，戎逼諸夏，自隴山以東及乎伊洛，往往有戎，當春秋時，間在中國」（《後漢書》卷一百十七〈西羌傳〉）。而統治階級又常引其入寇，王子帶召伊洛之戎以伐襄王（《左傳》僖公十一年），襄王又以狄代鄭（《左傳》僖公二十四年），頹叔桃子復奉王子帶，以狄師伐周（同上）。可知此時國人對於華夷之別，不甚認識。戰國以後，小股戎狄雖然同化於華夏民族，而漠北匈奴又乘中原多難之際，屢來寇邊。華人受了匈奴的壓迫，民族意識逐漸發生。秦既統一天下，就命蒙恬將十萬之眾北擊胡，悉收河南地，因河為塞，又築萬里長城，以防胡騎南下。秦末大亂，繼以劉項戰爭，匈奴又奪取河南之地，復由河南地，進窺關中。漢興，接秦之敝，沒有能力對付匈奴。由高祖而至景帝，只能用和親政策，歲遺金繒，以安邊境。賈誼曾言：「匈奴侵甚侮甚，以漢而歲致金絮繒綵，是入貢職於蠻夷也。」（《賈

子新書》卷四〈勢卑〉)但是國際政治乃以力為基礎,「力多
則人朝,力寡則朝於人」(《鹽鐵論》第四十四篇〈誅秦〉),
此自然之理,無法否認。到了武帝,七十年間,天下殷富,
財力有餘,士馬強盛,於是前此只求和親,現在則決計討伐,
以報昔日之恥。武帝說:「昔齊襄公復九世之讎,《春秋》大
之。」(《漢書》卷九十四上〈匈奴傳〉)壯哉斯言。及至宣
帝,匈奴款塞來朝,而東胡、西戎、北狄、南蠻罔不臣朝。
從而華夷之別又一變而為天下一家的思想。說匈奴,則曰夏
后氏之苗裔(同上);說西南夷,則曰高辛氏之女與其畜狗槃
瓠配合而生的子孫 (《後漢書》 卷八十六 〈南蠻‧西南夷
傳〉);說朝鮮,則曰武王封箕子於朝鮮,其後燕人衛滿又入
朝鮮稱王(《漢書》卷九十五〈朝鮮王滿傳〉);說西羌,則曰
出於三苗(《後漢書》卷八十七〈西羌傳〉)。這樣,全亞洲的
人民幾乎無一不與華人有血統關係了。東漢末年,黃巾大亂,
繼之又有董卓之難,三國鼎立,互相攻戰。晉雖統一華夏,
而不及十年,由於八王之亂,引起五胡亂華,但是五胡多已
漢化。降至南北朝,鮮卑種族的拓拔魏雄據北方。拓拔魏接
受中國文化較晚,道武帝(拓拔珪)之世,初建臺省,置百
官,此時協助道武帝者則為華人之崔玄伯,玄伯之子浩又於
明元帝(拓拔嗣)及太武帝(拓拔燾)之世,掌握大權。北
方遺黎已經是「虜漢相雜」(劉知幾《史通》卷三〈書志〉)。
「南謂北為索虜,北謂南為島夷」(《資治通鑑》卷六十九魏
文帝黃初二年司馬光曰)。隋唐統一華夏,而隋唐皇室均是虜
漢相雜。隋文帝楊堅,父忠在周賜姓普六茹氏,位至柱國大
司空。文帝后獨孤氏,為鮮卑種族,長子勇字睍地伐,完全

是胡人之名。唐高祖李淵，祖虎在周賜姓大野氏，官至柱國
大將軍，遷太尉。高祖后竇氏，竇氏雖為華人，而東漢靈帝
時，亡奔匈奴，遂為部落大人（《周書》卷三十〈竇熾傳〉），
即其血統似屬於漢胡雜種。太宗娶長孫氏為后，長孫氏乃是
鮮卑種族。隋唐皇室雖然是漢胡雜種，而卻自居為華人。隋
末大亂，突厥雄張於漠北，中原豪傑「雖建尊號，皆北面稱
臣，受其可汗之號」（《隋書》卷八十四〈突厥傳〉），而高祖
起兵晉陽，欲得突厥之援，也「詭臣之，贈與不可計」（《新
唐書》卷二百十五下〈突厥傳‧贊〉）。此皆華人勾結外族的
證據。唐既統一天下，突厥頗橫恣，猶如漢之匈奴一樣，無
歲不來寇邊。唐太宗雄才大略不減漢武，對此國恥，何能不
想報復。

> 帝謂群臣曰：「往國家初定，太上皇以百姓故，奉突
> 厥，詭而臣之，朕嘗痛心疾首，思一刷恥於天下。」
> （《新唐書》卷二百十五上〈突厥傳〉）

貞觀四年，突厥外有回紇之叛變，內又頻年大雪，六畜皆死，
國內饑饉，太宗即命將出師，一舉而殲滅之。隋時，煬帝三
駕遼東而皆失敗，這由太宗看來，也是中國的恥辱。太宗說：

> 遼東本中國之地，隋氏四出師而不能得①，朕今東征，
> 欲為中國報子弟之讎。（《資治通鑑》卷一百九十七唐

---

① 胡三省註，隋文帝開皇十八年伐高麗，煬帝大業八年九年十年三伐高
麗。

太宗貞觀十九年）

故又出師遼東，討伐高麗，唐的國家成為亞洲帝國，其天子
在內稱皇帝，在外稱天可汗，荒區君主非得唐之冊封，不能
君臨其國（《新唐書》卷二百十九〈北狄傳·贊〉）。然而四夷
征服之後，又本天下一家的觀念，社會上許外夷與華人雜居，
政治上許外夷為國家官吏，華夷之別漸次泯滅。唐太宗曾言：

> 自古皆貴中華，賤夷狄，朕獨愛之如一，故其種落皆
> 依朕如父母。（《資治通鑑》卷一百九十八唐太宗貞觀
> 二十一年）

其實，吾國自西漢以後，當國力薄弱之時，常倡華夷之別，
以喚醒民氣，而征服四裔之後，又倡天下一家，以消滅異族
敵愾之心。固然尚有華夷觀念，然此觀念非以血統為基礎，
而以文教為區別。陳黯在其〈華心〉（《全唐文》卷七百六十
七）一文中，說道：

> 苟以地言，則有華夷，以教言，亦有華夷乎？夫華夷
> 者辨在心，辨心在察其趣嚮。有生於中州而行戾乎禮
> 義，是形華而心夷也。生於夷域而行合乎禮義，是形
> 夷而心華也。

所以國家有事，常借外兵以靖內難。肅宗用回紇以平安、史；
德宗用吐蕃以討朱泚；黃巢作亂，沙陀人李克用亦出師勤王。

即在唐代，借用外國軍隊並不稀奇。《西遊記》乃追述唐代之事，凡人多依現實情況推測理想上的世界。甚至神仙鬼怪亦用現實眼光以觀察之。唐代既常借用外兵，則玉皇借佛祖之力，擒捉齊天大聖，亦不足怪了。

何況唐代佛教又復盛行。漢武帝遣張騫使大夏，始聞天竺有浮屠之教，然中土未之信也。

> （東漢）明帝夜夢金人，頂有白光，飛行殿庭，乃訪群臣，傅毅始以佛對。帝遣郎中蔡愔等使於天竺，寫浮屠遺範。愔東還洛陽，中國有沙門及跪拜之法，自此始也。愔又得佛經四十二章及釋迦立像。愔之還也，以白馬負經而至，漢因立白馬寺於洛陽。（《魏書》卷一百十四〈釋老志〉）

桓帝時，宮中立浮屠之祠（《後漢書》卷六十下〈襄楷傳〉）。三國初年，笮融「大起浮圖祠，以銅為人，黃金塗身，衣以錦采。為重樓閣道，可容三千餘人，悉課讀佛經，令界內及旁郡人有好佛者聽受道，復其他役，以招致之。由此遠近前後至者五千餘人，戶每浴佛，多設酒飯，布席於路，經數十里，民人來觀及就食，且萬人，費以巨億計」（〈吳志〉卷四〈劉繇傳〉）。這是皈依佛教可以避免徭役的先例。經晉而至南北朝，佛教更見盛行，蓋徭役繁重，而佛教又大開方便之門，在北朝，「愚民僥倖，假稱入道，以避輸課」（《魏書》卷一百十四〈釋老志〉）。在南朝，「佛法訛替，沙門混雜，而專成逋藪」（《宋書》卷九十七〈天竺‧迦毗黎國傳〉）。但在拓

拔魏時，已有「將來有彌勒佛方繼釋迦而降世」之言（《魏書》卷一百十四〈釋老志〉）。隋煬帝虐用其民，而群盜為姦者遂皆以彌勒佛為號召（參閱《資治通鑑》卷一百八十一隋煬帝大業六年春正月及卷一百八十二隋煬帝大業九年十二月）。然而釋迦領袖群佛已久，人類均有惰性，這種惰性發現於精神方面比之物質方面更見強烈。地上權威不過支配人類的物質，天上權威則支配人類的精神。所以到了唐代，天下太平，人類精神恢復常態之後，精神上所信仰的釋迦，世人又認之為佛教的領袖。

　　唐承南北朝之敝，沙門有免役的權利。人民購買度牒，就可以免除徭役。最初度牒大約非由政府販賣，中宗時，「公主外戚皆奏請度人為僧尼，亦有出私財造寺者。富戶強丁皆經營避役，遠近充滿」（《舊唐書》卷九十六〈姚崇傳〉）。所以魏元忠才說：「昔之賣官錢入公府，今之賣度錢入私家。」（《新唐書》卷一百二十二〈魏元忠傳〉）到了安史作亂，軍費增加，政府為解決財政困難，就把度牒收歸政府販賣。

　　　　肅宗即位，以天下用度不充，度道士僧尼，不可勝數。
　　　　（《新唐書》卷五十一〈食貨志一〉）

但是這個方法只能救一時之窮，接著而來者則為丁口減少，徭賦乏匱，中宗時，已經發生問題。李嶠說：

　　　　國計軍防並仰丁口，今丁皆出家，兵悉入道，征行租賦何以備之。（《新唐書》卷一百二十三〈李嶠傳〉）

安史亂後，干戈雲擾，人民更想逃避兵役，德宗時，楊炎曾言：

> 凡富人多丁者率為官為僧，以免役。貧人無所入，則丁存。故課免於上，而賦增於下，是以天下殘瘁，蕩為浮人，鄉居地著，百不四五。（《舊唐書》卷一百十八〈楊炎傳〉）

敬宗時，李德裕亦說：

> 泗川……戶有三丁，必令一丁落髮，意在規避王徭，影庇資產，自正月已來，落髮者無算。（《舊唐書》卷一百七十四〈李德裕傳〉）

佛教有這樣的勢力，難怪玉帝降妖，須借佛老之力，「以夷制夷」為吾國古代御戎之法。漢鼂錯說：「以蠻夷攻蠻夷，中國之利也。」（《漢書》卷四十九〈鼂錯傳〉）但是西漢對於匈奴，均用自己的兵力。東漢固然主張「以戰去戰」（《後漢書》卷四十九〈耿秉傳〉），而其政策純是「以夷攻夷」。唐自安史亂後，更見其然。降至五代，一般軍閥均欲藉契丹之力，取得帝位。最初有石敬瑭，其次有趙延壽、杜重威等（《舊五代史》卷九十八〈趙延壽傳〉、卷一百九〈杜重威傳〉），甚至淮南的吳也想勾結契丹以取中原（《資治通鑑》卷二百八十一後晉高祖天福二年）。北漢建國，得力於契丹之助者甚多（《舊五代史》卷一百三十五〈劉崇傳〉。《資治通鑑》卷二百九十

二後周太祖顯德元年）。至於宋用元以抵金，終則為元所滅，這是讀史者共知的事。借用外力以靖內難，乃吾國歷史上常見的事，而其結果，莫不引起外寇馮陵。玉帝請佛老降妖，固然只開一次安天大會，請如來坐了首席（第八回），並不像石敬瑭那樣，割燕雲十六州以與契丹。然而玉帝部下的齊天大聖孫悟空、天蓬元帥豬悟能、捲簾大將沙悟淨，竟然改宗佛教，由道士變為和尚。借用外兵，固然無須割地，而臣民變心，亦復可慮。

捲簾大將失手打碎了玻璃盞

　　顯聖真君立大功而輕賞，捲簾大將（即沙和尚）犯小過
而重刑。刑賞無章，道教沒落，理所當然。玉帝主宰萬物，
而對其仙卿，刑賞尚且無章，則人世與天宮相隔渺茫，更何
能望其明察秋毫，刑當其罪，賞稱其功。今據《西遊記》所
言，捲簾大將因在蟠桃會上，失手打碎了玻璃盞，玉帝把他
打了八百，貶下界來，又教七日一次，將飛劍穿他胸脅百餘
下方回（第八回）。這種處罰比之天蓬元帥（即豬八戒）因為
帶酒戲弄嫦娥，玉帝把他打了二千鎚，貶下凡塵，而沒有其
他科刑（第八回），似乎有欠公平。天宮乃清淨之地，身為大
將而乃調戲婦女，然其所受刑罰以貶下凡塵為止。失手打碎
一個杯子，貶下凡塵之後，還要受飛劍穿胸之苦。科刑輕重
之標準何在，吾人實難了解。
　　人類每依自己的環境，推測宇宙萬物。古代制定法律之
權屬於天子。天子制定法律每依一己之意，不受任何拘束。
漢時廷尉杜周說：

> 三尺安出哉，前主所是著為律，後主所是疏為令，當
> 時為是，何古之法乎？（《漢書》卷六十〈杜周傳〉）

所以古人所謂法律只是皇帝的意思。人類社會如此，由是人
類所想像的神仙社會遂亦不能例外。在《西遊記》第八回中，
描寫玉帝對於兩位天將所科的刑與他們兩人所犯的罪不甚相
稱，此蓋天上法律亦由玉帝制定，玉帝認為是者就是法律。
鳳仙郡郡侯將齋天素供，推倒喂狗，玉帝認為冒犯上天，罰
以三年亢旱（第八十七回）。王赫斯怒，遺害黎民，上天之降
禍似只憑玉帝一時衝動。

　　失手打碎玻璃盞，在人類社會，並不構成任何犯罪行為。
而在神仙社會，犯者除貶下凡塵之外，尚須受飛劍穿胸之刑，
法理上雖無根據，事實上必有原因。自齊天大聖大鬧天宮之
後，玉帝的權威已經減少。玉帝要維持自己的權威，不能不
採用恐怖政策，迫令群仙帖服。人們所想像的天上制度必不
能脫掉人類制度的影響。吾國數千年來，都是君主專制政治，
所以古人所想像的天上制度也是玉帝的專制政治。孟德斯鳩
在 《法意》 一書之中， 以恐怖 (fear) 為專制政治的原理
(Principle)，蓋人民服從政府，不是出於衷心愛戴，而是由於
恐怖所迫。專制君主恐人民反抗，必須利用恐怖，使人戰慄。
所以君主的專制權力一旦減少，人民不再恐怖，則國家必隨
之瓦解①。這在吾國歷史上不難舉出許多證據，現在只以秦
代為例，說明孟氏所言之非偽，並藉以闡明玉帝何以要科捲
簾大將以重刑。

---

① 　參閱 F. W. Coker, *Readings in Political Philosophy*, rev. ed., 1938, p. 615.

　　秦自商鞅變法以後，一方用法家學說以治天下，他方又不忠實遵從法家的主張。戰國時代，百家爭鳴，秦始皇最崇拜的莫過韓非的書，曾說：

　　　　嗟乎，寡人得見此人，與之遊，死不恨矣！（《史記》卷六十三〈韓非傳〉）

由此一語，吾人不難推測韓非思想對於始皇必有若干影響。韓非學於荀卿，荀卿以為「人之性惡，其善者偽也」（《荀子》第二十三篇〈性惡〉）。他說：

　　　　好榮惡辱，好利惡害，是君子小人之所同也。

又說：

　　　　凡人有所一同，飢而欲食，寒而欲煖，勞而欲息，好利而惡害，是人之所生而有也，是無待而然者也，是禹桀之所同者也。（《荀子》第四篇〈榮辱〉。第五篇〈非相〉亦有同樣文句）

荀子所謂人性，其實就是人情。故他又說：

　　　　夫人之情，目欲綦色，耳欲綦聲，口欲綦味，鼻欲綦臭，心欲綦欲，此五綦者人情之所必不免也。（《荀子》第十一篇〈王霸〉）

《史記》卷七十四，荀子與孟子同傳，而自《漢書》卷三十
〈藝文志〉以荀子學說劃歸儒家之後，歷代均視荀子為儒家
之徒。儒家並不反對人情。〈禮運〉有「飲食男女，人之大欲
存焉。死亡貧苦，人之大惡存焉」。《論語‧里仁》篇又有「富
與貴是人之所欲也，貧與賤是人之所惡也」。孔子不但不反對
人情，且欲利用人情。他說：「示之以好惡，而民知禁」，注
云：「示好以引之，示惡以止之，則人知有禁令，不敢犯
也。」（《孝經》第七章〈三才〉）儒家如此，法家尤見其然。
管子說：

> 民利之則來，害之則去。民之從利，如水之走下於四
> 方無擇也。故欲來民者，先起其利，雖不召而民自至。
> 說其所惡，雖召之，而民不來也。（《管子》第六十四
> 篇〈形勢解〉）

又說：

> 夫凡人之情，見利莫能勿就，見害莫能勿避，其商人
> 通賈倍道兼行，夜以繼日，千里而不遠者，利在前也。
> 漁人之入海，海深萬仞，就彼逆流，乘危百里，宿夜
> 不出者，利在水也。故利之所在，雖千仞之山無所不
> 上，深源之下無所不入焉。（《管子》第五十三篇〈禁
> 藏〉）

商鞅亦說：

> 羞辱勞苦者民之所惡也，顯榮佚樂者民之所務也。(《商君書》第六篇〈算地〉)

韓非受了荀子思想的影響，便以「性惡」為其立論的根據。他說：

> 醫善吮人之傷，含人之血，非骨肉之親也，利所加也。故輿人成輿，則欲人之富貴；匠人成棺，則欲人之夭死也，非輿人仁，而匠人賊也，人不貴，則輿不售；人不死，則棺不買。情非憎人也，利在人之死也。(《韓非子》第十五篇〈備內〉)

又說：

> 人為嬰兒也，父母養之簡，子長而怨。子盛壯成人，其供養薄，父母怒而誚之。子父至親也，而或譙或怨者，皆挾相為，而不周於為己也。夫買庸而播耕者，主人費家而美食，調錢布而求易者，非愛庸客也，曰如是，耕者且深，耨者且熟云也。庸客致力而疾耘耕，盡功而正畦陌者，非愛主人也，曰如是，羹且美，錢布且易云也。此其養功力，有父子之澤矣，而必周於用者，皆挾自為心也。故人行事施予，以利之為心，則越人易和；以害之為心，則父子離且怨。(《韓非子》第三十二篇〈外儲說左上〉)

即他以為人類的一切活動無一不以個人利害為標準。

　　人情既惟自己的利害是視，則為政之道自應因人之情。人情所視以為利者莫如賞，人情所視以為害者莫如刑。愛賞而惡刑可以說是人類的天性。政治必須順乎人性，即須利用人類的利害觀念，設賞以獎有功，陳刑以戒有罪，如是天下未有不治。管子說：「明主之治也，懸爵祿以勸其民，民有利於上，故主有以使之。立刑罰以威其下，下有畏於上，故主有以牧之，故無爵祿，則主無以勸民。無刑罰，則主無以威眾，故人臣之行理奉命者，非以愛主也，且以就利而避害也。百官之奉法無姦者，非以愛主也，欲以受爵祿而避罰也。」又云：「明主之道，立民所欲，以求其功，故為爵祿以勸之。立民所惡，以禁其邪，故為刑罰以畏之。」（《管子》第六十七篇〈明法解〉）商鞅亦註：「好惡者賞罰之本也，夫人情，好爵祿而惡刑罰，人君設二者以御民之志，而立所欲焉。」（《商君書》第九篇〈錯法〉）慎子也說：「天道因則大，化則細。因也者因人之情也。人莫不自為也，化而使之為我，則莫可得而用矣……故用人之自為，不用人之為我，則莫不可得而用矣，此之謂因。」（《慎子・因循》）此中原理，韓非說得更見明白。他說：「凡治天下，必因人情。人情者有好惡，故賞罰可用，則禁令可立，而治道具矣。」（《韓非子》第四十八篇〈八經〉）「明主之所道制其臣者，二柄而已矣。二柄者刑德也。何謂刑德？曰殺戮之謂刑，慶賞之謂德。為人臣者畏誅罰而利慶賞，故人主自用其刑德，則群臣畏其威而歸其利矣。」（《韓非子》第七篇〈二柄〉）韓非這種言論，每為後人所詬病。其實，儒家也很注重刑賞，荀子說：「賞不行，

則賢者不可得而進也。罰不行，則不肖者不可得而退也。賢者不可得而進也，不肖者不可得而退也，則能不能不可得而官也。」(《荀子》第十篇〈富國〉) 而漢儒例如董仲舒說得更見明白：

> 民無所好，君無以權也。民無所惡，君無以畏也。無以權，無以畏，則君無以禁制也……故聖人之治國也……務致民令有所好，有所好，然後可得而勸也，故設賞以勸之。有所好，必有所惡，有所惡，然後可得而畏也。故設罰以畏之。既有所勸，又有所畏，然後可得而制。制之者制其所好，是以勸賞而不得多也。制其所惡，是以畏罰而不過也……故聖人之制民，使之有欲，不得過節。使之敦朴，不得無欲。無欲有欲，各得以足，而君道得矣。(《春秋繁露》第二十篇〈保位權〉)

豈有同宋代理學家那樣，專談仁義，因仁義而竟反對利欲。仁宗時李覯對此已有批評，他說：「利可言乎？曰人非利不生，曷為不可言乎？曰欲者人之情，曷為不可言……孟子謂何必曰利，激也。焉有仁義而不利者乎？」(《李直講文集》卷二十九〈原文〉) 我們再看美國獨立時代許多政治家之言，例如哈彌爾頓 (A. Hamilton) 說：「我們人類最強烈的感情乃是野心 (ambition) 與利害 (interest)。然而這兩種感情每可刺戟吾人活動，所以賢明政府應利用這兩種感情，求其有助於公共福利。」②佛蘭克林 (B. Franklin) 亦說：「對於人事最能

給與影響者，有兩種感情，即野心 (ambition) 與貪婪
(avarice)。換言之，就是愛權力與愛金錢。它們各有偉大的
力量，促使人類活動。兩者集中於同一目的，每可發生強烈
的效果。如果我們安排得法，使人們能夠為名 (honor) 而努
力，同時又是為利 (profit) 而努力，那末，人們為了取得名
利，必將做其驚天動地的事業」③，就可知道為政之道固須
利用人類的弱點。

　　不過法家的言論每有矯枉過正之弊，他們既以刑賞為治
道之具，故凡不愛厚賞，不畏重刑的人，即所謂「富貴不能
淫，威武不能屈」的大丈夫，他們似不歡迎。管子說：「人臣
之所以畏恐而謹事主者，以欲生而惡死也。使人不欲生，不
惡死，則不可得而制也。」（《管子》第六十七篇〈明法解〉）
而韓非且視之為「不令之民」，即「無益之臣」。他說：「夫見
利不喜，上雖厚賞，無以勸之；臨難不恐，上雖嚴刑，無以
威之。此之謂不令之民也。」（《韓非子》第四十四篇〈說
疑〉）「古有伯夷叔齊者，武王讓以天下而弗受，二人餓死首
陽之陵。若此臣者不畏重誅，不利重賞，不可以罰禁也，不
可以賞使也。此之謂無益之臣也。」（《韓非子》第十四篇〈姦
劫弒臣〉）對此不令之民，無益之臣，他竟主張除之殺之。他
說：「賞之譽之不勸；罰之毀之不畏，四者加焉不變，則除
之。」（《韓非子》第三十四篇〈外儲說右上〉）他並杜撰太公
望之事，以證明自己主張之合理。太公望東封於齊，執齊東
居士狂矞華士而殺之。「太公望曰，先王之所以使其臣民者，

---

②　　J. Elliot, *The Debates*, Vol. I, 1937, p. 439.

③　　J. Elliot, *The Debates*, Vol. V, 1937, p. 145.

非爵祿則刑罰也。今四者不足以使之，則望當誰為君乎，是以殺之。」（同上）這種矯激的言論不為後人所諒解，固屬理之當然。

　　法家均謂刑賞應以功罪為標準，管子說：「有犯禁而可以得免者，則斧鉞不足以威眾。有無功而可以得富者，則祿賞不足以勸民。」（《管子》第十五篇〈重令〉）「明主雖心之所愛，而無功者不賞也。雖心之所憎，無罪者不罰也。」（《管子》第六十七篇〈明法解〉）「行私惠而賞無功，則是使民偷幸而望於上也。行私惠而赦有罪，則是使民輕上而易為非也。」（同上）「故明主之治也……有功者賞，亂治者誅。誅賞之所加，各得其宜，而主不與焉。」（同上）商鞅亦謂：「人主之所以禁使者賞罰也。賞隨功，罰隨罪，故論功定罪，不可不審也。」（《商君書》第二十四篇〈禁使〉）又謂：「有功於前，有敗於後，不為損刑。有善於前，有過於後，不為虧法。」（《商君書》第十四篇〈賞刑〉）荀子也說：「誅賞而不類（注，謂賞不當功，罰不當罪），則下疑俗儉（儉當作險，謂徼幸免罪，苟且求賞也）而百姓不一。」（《荀子》第十篇〈富國〉）韓非云：「聖人之治國也，賞不加於無功，而誅必行於有罪者也。」（《韓非子》第十四篇〈姦劫弒臣〉）所謂「誅必行於有罪」，即「罰不加於無罪」（《韓非子》第三十六篇〈難一〉）。當然賞罰須與功罪相稱。而如韓非所說：「用賞過者失民，用刑過者民不畏。有賞不足以勸，有刑不足以禁，則國雖大必危。」（《韓非子》第十九篇〈飾邪〉）不但法家，漢儒董仲舒亦說：「有功者賞，有罪者罰。功盛者賞顯，罪多者罰重。不能致功，雖有賢名，不予之賞。官職不廢，

雖有愚名，不加之罰。賞罰用於實，不用於名。賢愚在於質，不在於文。故是非不能混，姦軌不能弄，萬物各得其冥，則百官勸職，爭進其功。」（《春秋繁露》第二十一篇〈考功名〉）既有功矣，不但要賞，且要重賞。既有罪矣，不但要刑，且要重刑。商鞅云：「賞厚而利，刑重而威。」（《商君書》第十八篇〈修權〉）韓非亦說：「賞莫如厚，使民利之。誅莫如重，使民畏之。」（《韓非子》第四十八篇〈八經〉。第四十九篇〈五蠹〉又云：「賞莫如厚而信，使民利之，罰莫如重而必，使民畏之。」）蓋厚賞一人，可使千萬人增加愛賞的情緒。重刑一人，可使千萬人增加畏刑的情緒。賞一以勵百，刑一以戒百，這是信賞必罰的效用。管子說：「聖人設厚賞非侈也，立重禁非戾也。賞薄則民不利；禁輕則邪人不畏。設人之所不利，欲以使，則民不盡力；立人之所不畏，欲以禁，則邪人不止。」（《管子》第四十七篇〈正世〉）韓非亦說：「賞厚，則所欲之得也疾；罰重，則所惡之禁也急……是故欲治甚者，其賞必厚矣；惡亂甚者，其罰必重矣……重一姦之罪，而止境內之邪，此所以為治也。重罰者盜賊也，而悼懼者良民也，欲治者奚疑於重刑。若夫厚賞者非獨賞功也，又勸一國。受賞者甘利，未賞者慕業，是報一人之功，而勸境內之民也，欲治者奚疑於厚賞。」（《韓非子》第四十六篇〈六反〉）觀韓非之言，可知重刑厚賞不但是罰有罪而獎有功；最重要的目的乃在於禁人為姦而勸人為善。

但是國家的刑賞須與社會的誹譽相應。蓋「民之重名與其重利也均。賞者有誹焉，不足以勸；罰者有譽焉，不足以禁」（《韓非子》第四十八篇〈八經〉）。韓非曾言：「利所禁，

禁所利,雖神不行。譽所罪,毀所賞,雖堯不治。」(《韓非子》第三十三篇〈外儲說左下〉)又說:「夫賞所以勸之,而毀在焉;罰所以禁之,而譽加焉,民中立而不知所由,此亦聖人之所為泣也。」(《韓非子》第三十五篇〈外儲說右下〉)東漢末年,閹宦當權,「天下士大夫皆污穢朝廷」(《後漢書》卷六十七〈李膺傳〉)。即政府的賞與社會的譽不能「同軌」。人們泥塗軒冕,賞既失去效力;而黨錮禍作,天下又以掛名黨籍為榮,願與黨人同刑,「乃至幽深牢,破室族而不顧」(《後漢書》卷六十七〈范滂傳‧論〉),則政府的刑與社會的誹又不能「俱行」了。賞而有誹,罰而有譽,東漢滅亡,理所當然。由此可知韓非所主張的刑賞並不許人主任意定之,而須適應於一般社會的毀譽觀念。更宜「編著之圖書,設之於官府,而布之於百姓」(《韓非子》第四十三篇〈定法〉),成為法律。法也者,乃如慎子所說:「法非從天下,非從地出,發於人間,合乎人心而已。」(《慎子‧逸文》)法家之所謂法即荀子之所謂道。荀子說:「道者非天之道,非地之道,人之所道也。」(《荀子》第八篇〈儒效〉)哪一種功應得哪一種賞,哪一種罪應得哪一種刑,行賞施刑均以法律為規矩準繩。管子云:「明主之治也,當於法者賞之,違於法者誅之,故以法誅罪,則民就死而不怨,以法量功,則民受賞而無德也。」(《管子》第六十七篇〈明法解〉)又說:「有功不必賞,有罪不必誅,令焉不必行,禁焉不必止,在上位無以使下,而求民之必用,不可得也。」(《管子》第十五篇〈重令〉)韓非亦說:「以法治國,舉措而已矣。刑不阿貴,繩不撓曲。法之所加,智者弗能辭,勇者弗敢爭。刑過不避大臣,賞善不

遺匹夫。」（《韓非子》第六篇〈有度〉）「是故誠有功，則雖疏賤必賞；誠有過，則雖近愛必誅。疏賤必賞，近愛必誅，則疏賤者不怠，而近愛者不驕也。」（《韓非子》第五篇〈主道〉）要是同劉頌之批評晉武帝那樣，「放兕豹於公路，而禁鼠盜於隅隙」（《晉書》卷四十六〈劉頌傳〉），則監司將望風承旨，凡有彈劾，皆捨巨憝而舉微過。刑賞失章，國而不亡，只可以視為奇蹟。

　　總之，法家不但主張重刑厚賞，且謂明君必須依法行使刑賞，即管子所謂「不淫意於法之外，不為惠於法之內」（《管子》第四十六篇〈明法〉。《韓非子》第六篇〈有度〉亦有同樣文句），倘若「禁不勝於親貴，罰不行於便辟，法禁不誅於嚴重，而害於疏遠，慶賞不施於卑賤，二三而求令之必行不可得也」（《管子》第十五篇〈重令〉）。秦始皇如何呢？秦自孝公以後，歷代君主無不刻薄寡恩，商鞅車裂以徇，張儀懼誅而亡，范雎憂憤而死。他們三人均有大功於秦，結果不過如斯。始皇天性也和秦之先君一樣，所以王翦才說：「為大王將，有功終不得封侯。」（《史記》卷七十三〈王翦傳〉）又如侯生盧生所言：「始皇為人，樂以刑殺為威。」（《史記》卷六〈秦始皇本紀〉三十五年）即始皇雖然崇拜韓非，而只接受韓非重刑的思想，並未採納韓非厚賞的主張。其見解還是淵源於商鞅。商鞅說：「故行刑重其輕者，輕者不生，則重者無從至矣，此謂治之於其治也。行刑重其重者，輕其輕者，輕者不止，則重者無從止矣。此謂治之於其亂也。」（《商君書》第五篇〈說民〉）又說：「治國刑多而賞少，（亂國賞多而刑少，）故王者刑九而賞一，削國賞九而刑一。刑用於將過，

則大邪不生；賞施於告奸，則細過不失。治民能使大邪不生，細過不失，則國治，國治必強。」（《商君書》第七篇〈開塞〉）「禁奸止過，莫如重刑，刑重而必得，則民不敢試，故國無刑民。國無刑民，故曰明刑不戮。」（《商君書》第十七篇〈賞刑〉）「以殺去殺，雖殺可也，以刑去刑，雖重刑可也。」（《商君書》第十八篇〈畫策〉）然而韓非亦不能辭其咎。豈但韓非，管子亦然。管子說：「凡牧民者欲民之正也。欲民之正，則微邪不可不禁也。微邪者大邪之所生也。微邪不禁，而求大邪之無傷國不可得也。」（《管子》第三篇〈權修〉）案法家所謂法治，其實，乃是「威治」。韓非說：「母之愛子也倍父，父令之行於子也十母；吏之於民無愛，令之行於民也萬父。母積愛而令窮，吏用威嚴而民聽從，嚴愛之筴亦可決矣。」（《韓非子》第四十六篇〈六反〉）「今有不才之子，父母怒之弗為改，鄉人譙之弗為動，師長教之弗為變，夫以父母之愛，鄉人之行，師長之智，三者加焉，而終不動其脛毛。州郡之吏操官兵，推公法，而求索奸人，然後恐懼，變其節，易其行矣。故父母之愛不足以教子，必待州郡之嚴刑者，民固驕於愛，聽於威矣。」（《韓非子》第四十九篇〈五蠹〉）韓非由「威治」出發，又進一步而說：「今不知治者皆曰，重刑傷民，輕刑可以止奸，何必於重哉？此不察於治者也。夫以重止者，未必以輕止也，以輕止者，必以重止矣。是以上設重刑者而奸盡止，奸盡止，則此奚傷於民也。」（《韓非子》第四十六篇〈六反〉）又說：「行刑，重其輕者，輕者不至，重者不來，此謂以刑去刑。罪重而刑輕，刑輕則事生，此謂以刑致刑，其國必削。」（《韓非子》第五十三篇〈飭

令〉）是則法家的「威治」，其實，又是「刑治」，更確實言之，還是重刑之治。

　　但是我們須知法家思想須與道家思想相輔而行。法家明罰飭法，道家清淨無為。有了法家的制度，而後政府才能因循法令，垂拱而治；有了道家的精神，而後政治不至煩苛，人民樂於接受。老子云：「法令滋章，盜賊多有。」（《老子》第五十七章）而最可怕的還是朝令暮改。韓非說：「法禁變易，號令數下，可亡也。」（《韓非子》第十五篇〈亡徵〉）又說：「治大國而數變法，則民苦之，是以有道之君貴虛靜而重變法。」（《韓非子》第二十篇〈解老〉）而管子之言更見明確。他說：「君有三欲於民，三欲不節，則上位危。三欲者何也，一曰求，二曰禁，三曰令。求必欲得，禁必欲止，令必欲行。求多者其得寡，禁多者其止寡，令多者其行寡。求而不得，則威日損。禁而不止，則刑罰侮。令而不行，則下凌上。故未有能多求而多得者也；未有能多禁而多止者也；未有能多令而多行者也。故曰上苛則下不聽。」（《管子》第十六篇〈法法〉）始皇未能了解此中道理，他滅六國之後，不知予民休息，而乃「內興工作，外攘夷狄，收泰半之賦，發閭左之戍，男子力耕，不足糧餉，女子紡織，不足衣服，竭天下之資財，以奉其政，猶未足以澹其欲也」（《漢書》卷二十四上〈食貨志〉）。這種虐政能夠繼續下去，完全依靠「刑殺為威」，即孟德斯鳩所謂恐怖。不過始皇雖是暴君，而仍不失為一位英主，其專制魔力確已征服了人民的靈魂，使人民不敢反抗。人民無法推翻現在的社會，只想脫離現在的社會，投身於罪犯之中。他們不斷的擴大罪犯的人數，而如董仲舒

所說：「民愁亡聊，亡逃山林，轉為盜賊，赭衣半道，斷獄歲以千萬數。」（同上）這樣，韓非所謂「以刑去刑」反而變為「以刑致刑」了。尹文子說：「老子曰民不畏死，如何以死懼之。人民之不畏死，由刑罰過。刑罰過，民不賴其生。生無所賴，視君之威末如也。刑罰中，則民畏死，畏死由生之可樂也。知生之可樂，故可以死懼之，此人君之所宜執，臣下之所宜慎。」（《尹文子・大道下》）輕罪而受重刑，人民悲觀之極，竟然失去膽量，失去自信力，自視為軟弱無能的動物。他們只希望有個萬能的神，出來拯救他們，而拯救的方法則為「秦亡」或「始皇死」，所以始皇末年，社會上乃傳播了「秦亡」或「始皇死」的預言。「亡秦者胡也」，「始皇帝死而地分」，「今年祖龍死」（見《史記》卷六〈秦始皇本紀〉三十二年、三十六年）都是人心厭秦的表現。三十七年七月秦始皇果然死於沙丘了，這是多麼痛快的消息，而繼統的二世才不及父，而暴虐過之。他性庸懦，有自卑之感④。懦君往往變為暴主，凡怕別人殺我，常欲我殺別人，以殺止殺，造成恐怖的空氣，使人不敢反抗。怕一人，殺一人；怕萬人，殺萬人；怕天下，殺天下。這是懦君的策略，二世尤見其然。李斯學於荀子，荀子固謂「賞不欲僭，刑不欲濫。賞僭則利及小人，刑濫則害及君子。若不幸而過，寧僭無濫，無濫與其害善，不若利淫」（《荀子》第十四篇〈致士〉）。而李斯乃說：「商君之法，刑棄灰於道者。夫棄灰薄罪也，而被刑重罰

---

④　參閱《史記》卷六〈秦始皇本紀〉二世元年「二世與趙高謀曰『朕年少，初即位，黔首未集附』云云」，又「二世陰與趙高謀曰『大臣不服，官吏尚強，及諸公子必與我爭，為之奈何』云云」。

也。彼唯明主為能深督輕罪。夫罪輕且督深，而況有重罪乎，故民不敢犯也。」（《史記》卷八十七〈李斯傳〉）於是「法令誅罰，日益刻深，群臣人人自危，刑者相半於道，而死人日成積於市，殺人眾者為忠臣」（同上）。恐怖超過限度，反亦死，不反亦死，等死，反尚有一線的希望，由是陳勝、吳廣遂揭竿而起了。專制君主所恃以統治人民者乃是恐怖，由恐怖建立了權威，用權威以維持政權。陳勝發難之後，社會秩序動搖了，皇帝權威掃地了，人民恐怖減少了，天下莫不響應，「縣殺其令丞，郡殺其守尉」（《史記》卷八十九〈陳餘傳〉），而秦便隨之而亡。

　　由此可知專制政治固以恐怖為統治的手段，但恐怖超過一定限度，往往發生相反的結果。王莽的失敗就是因為「刑罰深刻，它政諪亂」（《漢書》卷二十四上〈食貨志〉），「民搖手觸禁……吏用苛暴立威，旁緣莽禁，侵刻小民，富者不能自保，貧者無以自存」（《漢書》卷二十四下〈食貨志〉），而致迫出民變。隋之滅亡更是因為煬帝誤解了「以刑止刑」之意，驕怒之兵屢動，土木之兵不息，「人不堪命，乃急令暴條以擾之，嚴刑峻法以臨之，甲兵威武以董之」（《隋書》卷四〈煬帝紀・史臣曰〉），「窮民聚為盜賊，帝乃更立嚴刑，敕天下竊盜以上，罪無輕重，皆斬。百姓轉相群聚，攻剽城邑，帝以盜賊不息，乃益肆淫威，又詔，為盜者籍沒其家。自是群賊皆起」（《隋書》卷二十五〈刑法志〉），而隋之政權便在群賊皆起之下歸於瓦解。

　　由於吾國歷史，可知單單依靠重刑的恐怖，固不足以維持政權。人世如此，天宮想亦當然。捲簾大將失手打碎了玻

璃盞，既云「失手」，自不能謂為故意；縱是故意，也只負民法上的賠償責任，絕不會構成為刑法上的犯罪行為，而竟嚴刑峻法以臨之。捲簾大將固已認為刑罰失當，而貶到凡塵之後，玉帝又聽其吃人度日（第八回），則人類社會對於玉帝，又作如何感想。此時也，佛門弟子的「救苦救難大慈大悲南無觀世音菩薩」（第八回）復到處物色「同志」，捲簾大將受其指點，果然入了沙門，皈依正果，從此洗心滌慮，再不傷生。此事就捲簾大將說，固已脫離災障，就人類社會說，亦少了一個妖魔。一舉而有兩得，既可增加佛門弟子，又可博取人世歡心。佛教的策略比之道教，確實高明。在吾國歷史上，道佛兩教曾發生過多次鬥爭，佛教一天一天的興盛，道教一天一天的沒落，我們只看《西遊記》上捲簾大將之事，一方恃酷刑以立威，他方秉慈悲以救世，就可了解為淵逐魚、為叢逐雀者就是玉帝本身。

唐太宗還魂延壽二十年

　　善有善報，惡有惡報，這是一切宗教共通的觀念。縱在陽世，因果報應亦在若明若昧之間。司馬懿受兩世託孤之命①，就友誼言，亦應竭股肱之力，效忠貞之節，而乃欺凌幼主，誅戮大臣，子師廢齊王而立高貴鄉公，昭弒高貴鄉公而立陳留王，每乘廢置，竊取威權，三世秉政，卒遷魏鼎，其創業之本異於前代。「晉明帝時，王導侍坐，帝問前世之所以得天下。導乃陳宣帝（司馬懿）創業之始及文帝（司馬昭）末高貴鄉公事。明帝以面覆牀曰，若如公言，晉祚復安得長？」（《晉書》卷一〈宣帝紀〉）前此，「欺他人孤兒寡婦，狐媚以得天下」（石勒之言。見《晉書》卷一百四〈石勒載記上〉），現在生兒（惠帝）愚闇，而又為其后（賈后）所制；前此殺害曹爽，使曹家兄弟不能屏藩王室，現在則八王作亂，骨肉自相殘殺，而亡國之日，「宋受晉終，馬氏遂為廢姓」

---

① 　魏文帝崩，明帝踐位，司馬懿與曹真陳群並受遺詔輔政；明帝崩，齊王芳立，懿又與曹爽受遺詔輔政。

(《南史》卷四十三〈齊高帝諸子傳‧論〉)，可謂慘矣。而
「齊受宋禪，劉宗盡見誅夷」(同上)，報應又不爽了。隋奪
宇文(北周)天下，而弒隋煬帝的便是宇文兄弟(宇文化及、
宇文智及)；唐奪楊(隋)之天下，而亂唐之政治的則為楊家
兄妹(楊國忠、楊貴妃)。冥冥之中似有安排，這個安排似非
出自神的自由意志，而是基於因果法則。

　照吾國傳說，司國家治亂的為上天，司個人禍福的為地
府。國家治亂姑捨不談，個人禍福則依善惡以為斷。「那行善
的，昇化仙道；盡忠的，超生貴道；行孝的，再生福道；公
平的，還生人道；積德的，轉生富道；惡毒的，沉淪鬼道」，
這喚做六道輪迴(第十一回)。而沉淪鬼道的則有一十八層地
獄，「不忠不孝，非禮非義，作踐五穀，明欺暗騙，大斗小
秤，姦盜詐偽，淫邪欺罔之徒，受那些磨燒舂剉之苦，煎熬
吊剝之刑」(同上)。由此可知冥王乃左執衡器，以權善惡；
右執利劍，以行賞罰。利劍而無衡器，只是暴力；衡器而無
利劍，不過空談。二者相輔，福以善報，禍因惡生，這才是
因果報應。

　在法治國家，法官審判案件，必須根據法律，即以法律
條文為大前提，具體事實為小前提，依此求出結論的判決。
同樣，冥王之作裁判，亦宜根據一定律令，以一定律令為大
前提，行為善惡為小前提，依此求出結論的禍福。哪一種善
應享哪一種福，哪一種惡應得哪一種禍，不別親疏，不殊貴
賤，一斷於律，而後善與福，惡與禍，才有因果關係。陽世
的人有所警惕，便不敢希望於萬一。

（張釋之為廷尉，）上（文帝）行出中渭橋，有一人
從橋下走，乘輿馬驚，於是使騎捕之，屬廷尉。釋之
治問，曰：「縣人來，聞蹕，匿橋下久，以為行過，既
出，見車騎即走耳。」釋之奏當此人犯蹕，當罰金。
上怒曰：「此人親驚我馬，馬賴和柔，令他馬固不敗傷
我乎？而廷尉乃當之罰金！」釋之曰：「法者，天子所
與天下公共也。今法如是，更重之，是法不信於民也。
且方其時，上使使誅之則已，今已下廷尉，廷尉，天
下之平也，一傾，天下用法皆為之輕重，民安所錯其
手足？唯陛下察之。」上良久曰：「廷尉當是也。」
（《漢書》卷五十〈張釋之傳〉）

我們分析張釋之之言，蓋有兩種含義，一是法律不但用以拘
束人民，且亦用以拘束天子，而法官審判案件之時，更宜受
法律的拘束，不能因被告加害於天子，而加重其刑，除法律
另有規定之外。二是古代沒有人身保護法，天子若肯自負責
任，可以當場誅之；而既已送至法院了，不宜假司法之名，
作枉法之事，而將責任歸於法院。法院為枉法之裁判，法院
尊嚴固然掃地，而「天下用法皆為之輕重」，人民將何所錯其
手足。慎子有言：「法雖不善，猶愈於無法，所以一人心
也。」（《慎子‧威德》）他又說：「今立法而行私，是私與法
爭，其亂甚於無法。」（《慎子‧逸文》）說到這裡，我記起兩
事來了。漢時，霍光廢昌邑王而立宣帝，侍御史嚴延年「劾
奏光擅廢立，亡人臣禮，不道，奏雖寢，然朝廷肅焉敬憚」
（《漢書》卷九十〈嚴延年傳〉）。以當時霍光權力之大，宣帝

往謁高廟，「光從驂乘，上內嚴憚之，若有芒刺在背」（《漢書》卷六十八〈霍光傳〉）。嚴延年官不過六百石之侍御史，竟敢提出彈劾，而光亦不以為忤。為什麼呢？侍御史固有彈擊官邪之權。魏相為丞相，其婢有過，自絞死，京兆尹趙廣漢疑丞相夫人妒殺之，自將吏卒，突入丞相府，召其夫人跪庭下受辭（《漢書》卷七十六〈趙廣漢傳〉）。古代行政官兼為司法官，郡守（京兆尹為三輔之一，等於郡守）固有裁判犯人之權，然把丞相的夫人抓來，令其跪庭下受辭，我們不能不佩服趙廣漢的勇氣：「法者天子所與天下公共也」，更何論乎丞相。王安石變法，而他自己卻不守法。

> 元夕，安石從駕乘馬入宣德門，衛士訶止之，策其馬。安石怒，上章請逮治。御史蔡確言，宿衛之士拱扈至尊而已。宰相下馬，非其處所，應訶止。帝卒為杖衛士，斥內侍，安石猶不平。（《宋史》卷三百二十七〈王安石傳〉）

宋制，宣德門以內，除皇帝外，任誰都不得乘馬。而安石竟然謂有特權，其變法失敗，即此一端，亦可窺知。殖民地的人民雖受帝國主義者的剝削，然其剝削乃規定於法律之上，人民既得預見其剝削，自可事先準備。這與專制時代，「惡吏之來吾鄉，叫囂乎東西，隳突乎南北」（柳宗元〈捕蛇者說〉），似還差強人意。這就是殖民地獨立之後，政治不良，反而思慕帝國主義者的理由。

　　人類生時受政府統治，死後受冥府統治，一生一死，法

域不同。「閻王註定三更死，誰敢留人到四更」（第七十六回），令出必行，陰司比之人世：前門法令森嚴，以臨百姓，後門例外頗多，以待權貴，「無令而擅行，虧法以自私」（《韓非子》第十一篇〈孤憤〉），當然不可同日而語。但是吾人一看唐太宗還魂之事，則陰司也講人事，與陽世似無區別。當鬼龍索命，太宗將次易簀之時，魏徵寫了一封信，交給太宗，付與酆都判官崔珏，崔珏是陰司掌生死文簿的（第十回）。信中說道：

> 今因我太宗文皇帝倏然而故，料對案三曹，必與兄長相會，萬祈俯念生日交情，方便一二，放我主回陽，殊為愛也。（第十一回）

崔判官急取天下萬國國王天祿總簿，逐一檢閱，只見大唐太宗皇帝註定貞觀一十三年崩殂，乃取濃墨大筆，將一字上添了兩畫。十殿閻王見太宗名下註定三十三年，即說：「陛下寬心無慮，還有二十年陽壽，請返本還陽。」（第十一回）一十三年的帝位，因為魏徵的請託，延長為三十三年。晉郤詵說：「有人事則通，無人事則塞。」（《晉書》卷五十二〈郤詵傳〉）晉代政治本來腐化，冥府法禁森嚴，而竟有此現象。此蓋國人久處於「人事」社會，遂由陽間之講人事，而想像到陰司亦講人事。政治腐化貫徹於地府之下，偉大極了。然而吾人須知崔珏生為禮部侍郎，死為酆都判官，平日為人想必公正不苟，現在竟因魏徵早晚看顧他的子孫（第十一回），不惜變造公文書，以報私恩。十殿冥王受了詐欺，亦不之覺，

陰司瞢眊又何遜於陽世，難怪今人不相信自己固有的天宮地府，而去相信舶來的天堂地獄。

涇河老龍「違了玉帝敕旨，行雨改了時辰，尅了點數」，「他犯天條，合當死罪」（第十回）。但是人神異路，太宗夢見龍王求救，既然信以為真了，自應預防魏徵「夢」裡行刑，而乃於對弈之際，放任魏徵「伏在案邊，鼾鼾盹睡」（同上），則契約之不履行，固然不是出於太宗「故意」，而確是出於太宗「過失」。龍王告到冥府，十殿閻王不使兩造對案辯論，而乃推為「自那龍未生之前，南斗星死簿上已註定該遭殺於人曹之手」（第十一回）。同時太宗死在貞觀十三年，固然也是前定的事，然而既因鬼龍為祟（第十回），魂遊冥府，則與龍王控告不能謂為毫無關係。龍王該斬，則太宗有還魂的權利，太宗應死，則龍王無遭殺的罪狀。太宗與龍王既未對面辯論，魏徵亦不依訴訟程序，教太宗如何抗辯，而乃運動判官，變造公文書，於是正正堂堂的權利鬥爭遂一變而為偷偷摸摸的虧法舞弊。這是吾國政治的黑暗現象。然而我們須知正正堂堂的抗辯，十中八九失敗；偷偷摸摸的舞弊，十中八九成功。說到這裡，我們又記起銅臺府一案了。唐僧路過銅臺府，受人誣告謀財害命，身陷囹圄之中。孫行者在公堂之上不作光明正大的抗辯，而乃暗中行事，先恐嚇寇家母子，令其自動撤銷訴狀，次恐嚇臺府刺史，使其知道唐僧蒙冤；最後又恐嚇合府官員，使他們深信唐僧無罪（第九十七回）。吾國法律不能進步，人民權利沒有保護，由這兩事就可知道原因是在哪裡。

人民的權利，即生命的權利，財產的權利，自由的權利，

都是人民經過許多鬥爭，才能獲得的。而既已獲得之後，欲
使個人權利不受別人侵害，欲使政府不會忘記人民有這權利，
又將權利寫在文書之上，而成為法律。所以權利之獲得是由
鬥爭，法律不過將人民已得的權利，用黑字寫在白紙之上而
已。所有權制度，身體自由，契約自由，營業自由，思想自
由，結社自由都是人民經過數世紀的鬥爭，而後獲得的。法
律所經過的路程不是香花鋪路，而是腥血塗地，吾人讀歐洲
歷史，就可知道。耶林 (R. v. Ihering) 有言：

> 法律不是人民從容揖讓，坐待蒼天降落的。人民要取
> 得法律，必須努力，必須鬥爭，必須流血。人民與法
> 律的關係猶如母子一樣。母之生子須冒生命的危險，
> 由這危險，母子之間就發生了親密情感。凡法律不由
> 人民努力而獲得者，人民對之常無愛惜之情。母親失
> 掉嬰兒，必傷心而痛哭，同樣，人民流血所獲得的法
> 律，亦必愛護備至，不易消滅。②

　　權利由權利人觀之，固然是他的利益，而由侵害人觀之，
亦必以侵害權利為他的利益。所以權利鬥爭很難避免，上自
國權，下至私權，莫不皆然。國際法上有戰爭；而國民對於
政府之違憲行為，又有暴動和革命；在私權方面，中世有私
刑及決鬥，今日有民事訴訟。此數者形式不同，目的亦異，
而其為鬥爭則一③。其鬥爭也，往往不計利害。甲國侵略乙

---

② Rudolf von Ihering, *Der Kampf ums Recht*, 12 Aufl., 1925 (Wien), S. 12 f.

③ R. v. Ihering, a. a. O., S. 13 f.

國，雖然不過荒地數里，然而乙國往往不惜宣戰。為數里之荒地，而竟犧牲數萬人之生命，數億元之巨款，有時國家運命尚因之發生危險。此種鬥爭有什麼意義呢？蓋乙國國民對於權利之侵害若沉默不作抗爭，則今天可奪取數里荒地，明天將得尺進尺，奪取其他土地，弄到結果，乙國將失掉一切領土，而國家亦滅亡了。由此可知國家因數里荒地所以不惜流血者，乃是為生存而作戰，為名譽而作戰；犧牲如何，結果如何，他們是不關心的。國民須保護其領土，則農民土地若為鄰人侵占數尺，自可提出訴訟。被害人提起訴訟，往往不是因為金錢上的利益，而是對於不法行為，精神上感覺痛苦；即不是單單要討還標的物，而是要主張自己應有的權利。所以訴訟不是利益問題，而是名譽問題，即人格問題④。

　　對於不法行為而作勇敢的鬥爭，這是法律能夠發揮效用的條件。故凡勸告被害人忍受損害，無異於勸告被害人聽人破壞法律。不法行為遇到權利人的堅決反抗，往往會因之中止。耶林說過，「勿為不法」(thue kein Unrecht) 固然可嘉。「勿寬容不法」(dulde kein Unrecht) 尤為可貴。蓋不法行為不問是出之於個人或是出之於政府，被害人若肯不撓不屈，與其抗爭，則加害人有所顧忌，必不敢輕舉妄動。由此可知我們保護自己的權利，不但是我們對於自己的義務，且又是對於社會的義務⑤。

　　權利鬥爭同時又表現為法律鬥爭。當事人提起訴訟之時，成為問題的不限於權利主體的利益，即整個法律亦會因之發

④　R. v. Ihering, a. a. O., S. 17 f.

⑤　R. v. Ihering, a. a. O., S. 51 f.

生問題。看吧！屋內多了一道藩籬，官署認為違章建築，而
欲拆除之，這不是個人問題，而是法律受了曲解的問題。法
律禁止違章建築，目的在於保障人民的安全，官署因緣為奸，
則整個法律將隨之破壞。莎士比亞所著《威尼斯的商人》中
有下列一段話：

> 我所要求一磅的肉，
> 是我花錢買來的，這屬於我，我必須得到。
> 你們拒絕不予，就是蔑視你們的法律！
> 這樣，威尼斯的法律要失去權威。
> ——我需要法律！
> ——我這裡有我的證件。

　　耶林以為：「我需要法律」一語，可以表示權利與法律的
關係。有了這話，事件便由 Shylock 之要求權利，一躍而變
成威尼斯的法律問題了。當他發出這個喊聲之時，他已經不
是要求一磅肉的猶太人，而是凜然不可侵犯的威尼斯法律的
化身。他的權利 (Recht) 與威尼斯的法律 (Recht) 成為一體。
他的權利消滅之時，威尼斯的法律也歸消滅。不幸得很，法
官竟用詭計，拒絕 Shylock 履行契約。契約內容苟有反於善
良風俗，自得謂其無效。法官不根據這個理由，大眾均承認
其有效了，而又附以割肉而不出血的條件，這猶如法官承認
地役權人得行使權利，又不許地役權人留足印於地上。這種
判決 Shylock 何能心服。當他悄然離開法庭之時，威尼斯的
法律也悄然毀滅了⑥。耶林又引另一本小說，即 Henrich von

Kleist 的 *Michael Kohlhaas*。Shylock 悄然走出，失去反抗之
力，而服從法院的判決。反之 Michael Kohlhaas，則不然了。
他應得的權利受了別人侵害，法官曲解法律，不予保護；君
主又左袒被告，不作正義的主張。他悲憤極了。他說：「為人
而受蹂躪，不如為狗」，「禁止法律保護吾身，便是驅逐吾身
於蠻人之中，他是將棍子給我，叫我自己保護自己」。於是憤
然而起，揮其利劍，全國為之震駭，腐化的制度為之動搖，
君主的地位為之戰慄。然而驅使 Kohlhaas 作此行動，並不是
單單報仇而已，而是基於正義的觀念，即「余當為自己目前
所受的侮辱，恢復名譽；並為同胞將來所受的侵害，要求保
護，這是余的義務」。結果，他便對於從前宣告他為有罪的人
——君主、官吏及法官，科以二倍三倍以上的刑罰。痛快！
痛快極了!世上不法之事莫過於執行法律的人自己破壞法律。
法律的看守人變為法律的殺人犯，醫生毒死病人，監護人絞
殺被監護人，這是天下最悖理的事。在古代羅馬，法官受賄，
便處死刑。法官審判，不肯根據法律，而唯視金錢多少，法
律消滅了，人民就由政治社會回歸到自然世界，各人均用自
己的腕力，以保護自己權利，這是勢之必然⑦。所謂「迫上
梁山」就是一百零八條好漢尤其是林沖、武松等人，不能得
到法律的保護。法域驅逐他們出境，他們只有投身於罪犯之
中，作破壞法律的事。

　　更進一步觀之，國民只是個人的總和，個人之感覺如何，
思想如何，行動如何，常表現為國民的感覺思想和行動。個

---

⑥　R. v. Ihering, a. a. O., S. 59 及 59–60 之註，及同書序文 S. XI–XIII。

⑦　R. v. Ihering, a. a. O., S. 61 ff.

人關於私權之主張冷淡而又卑怯，受了惡法律和惡制度的壓迫，只有忍氣吞聲，不敢反抗，一旦遇到政府破壞憲法或外國侵略領土，而希望他們奮然而起，為憲政而鬥爭，為祖國而鬥爭，事所難能。凡耽於安樂，怯於抗鬥，不能勇敢防衛自己權利的人，哪肯為國家的名譽，為民族的利益，犧牲自己的生命。所以國法上能夠爭取民權，國際法上能夠爭取主權的人，常是私權上勇敢善戰之士[8]。專制主義是最蔑視私權的。賦稅任意增加，沒有人反對；傜役任意延長，沒有人抗議；出一言而盈廷稱聖，發一令而四海謳歌，人民養成了盲從的習慣，喪失鬥爭的精神，一旦遇到外敵來侵，人民亦必萎靡不振，移其過去盲從專制政府者以盲從敵人政府。到了這個時候，政治家方才覺悟，要培養對外民氣，必須培養對內民氣，亦已晚矣。英國人民旅行歐洲大陸，若受旅館主人或馬車馭者的欺騙，縱令急於出發，亦願延期啟行，向對方交涉，雖犧牲十倍的金錢，亦所不顧[9]。有這鬥爭精神，故於國內，能夠爭取民主政治；於國外，能夠爭取世界霸權。回顧吾國人民又如何呢？數千年來受了專制政治的壓迫，權利雖受侵害，亦不敢依法爭辯，最多不過利用邪巧的方法，排除障礙，以恢復自己的權利。我們只看《西遊記》上太宗與鬼龍，唐僧與寇家的訴訟，就可知道。

---

[8]　R. v. Ihering, a. a. O., S. 67 ff.

[9]　R. v. Ihering, a. a. O., S. 45 f.

孫行者與緊箍兒

　　《西遊記》稱孫行者為心猿，這個心猿曾打到地府，強銷死籍，打到天宮，強索官職。他既有上天入地之力，故可稱為力之象徵，若合「心」之一字言之，則為「力之意志」。意志本來自由，而再加之以力，則更無拘無束，由意志自由表現為行動自由。行動自由出於個人，有時尚難免妨礙他人自由，要是出於政府，勢將變成暴政。

　　所謂「政治」由吾人觀之，不外命令與服從的強制關係，一方有命令的人，他方有服從的人，命令的人得依自己的意志，強制服從的人作為或不作為，這種強制關係何以發生？人類生存於社會之內，固然有連帶關係，而同時又互相對立。由於連帶關係，便發生了「眾人的事」；由於互相對立，又使人們關於眾人的事，發生了各種不同的意見。怎樣綜合各種不同的意見而統一之，乃是維持社會和平的前提。這種統一的意見就是國家的意見，而可以強制人民服從。固然統一的方法隨社會的勢力關係而不同：或由一人統一，而強制千萬

人服從；或由少數人統一，而強制多數人服從；或由多數人統一，而強制少數人服從。統一的人雖有多寡之別，而其對於異議的人，能夠強制其服從，則為古今政治的共通性質。

要強制別人服從，「權力」是必要的，所以政治乃以權力為基礎；而政府亦不外權力的組織。政府的權力必須委託自然人行使。這個自然人既然掌握權力，難免不濫用權力，以他個人的事宣布為眾人的事，租稅、徭役，不是用以增進眾人的福利，而是用以滿足個人的享樂。個人的福利與眾人的福利同視，其結果也，便發生了「朕即國家」的觀念。

如何控制政府濫用權力，更切實言之，如何控制組織政府的自然人濫用權力，那就需要「緊箍兒」了。孫行者戴上緊箍兒之後，不敢不聽唐僧的教誨，不敢再對唐僧無禮，「死心塌地」，隨他而去，「再無退悔之意」（第十四回）。緊箍兒是佛老如來交給觀世音菩薩（第八回），再由觀世音菩薩交給唐僧，最後才由唐僧授與孫行者的。孫行者戴在頭上之後，見肉生根，不能取下。他若不遵教誨，唐僧只將呪語一念，他就眼脹頭痛腦門皆裂（第十四回，參閱第八回）。孫行者神通廣大，可以藉以成事。而「性潑兇頑」，往往「不伏使喚」，若能加以拘束，則一方可以使喚，他方不敢行兇（第八回及第十四回）。觀世音菩薩對孫行者說：「你不遵教令，不受正果，若不如此拘束，你又誑上欺天，知甚好歹。須得這個魔頭，你才肯入我瑜珈之門。」（第十五回）這是緊箍兒的效用。

自古迄今，人君如堯、舜者少，人臣如皋、契、稷、夔者亦少。韓非說：「今貞信之士不盈於十，而境內之官以百

數；必任貞信之士，則人不足官。人不足官，則治者寡，而亂者眾矣。」（《韓非子》第四十九篇〈五蠹〉）貞信之士既然不可多得，則為預防政府不會濫用其權力，亦有緊箍兒的必要。這個緊箍兒就是法律。法律不但拘束服從者，且又拘束命令者。韓非說：「明主使法擇人，不自舉也；使法量功，不自度也。」（《韓非子》第六篇〈有度〉。案此語亦見於《管子》第四十六篇〈明法〉及第六十七篇〈明法解〉）又說：「明主使其群臣不遊意於法之外，不為惠於法之內，動無非法。」（《韓非子》第四十九篇〈五蠹〉。案此語亦見於《管子》第四十六篇〈明法〉及第六十七篇〈明法解〉）人主群臣均受法律的拘束，於是政治上便發生了一種變化，命令的人本來可依自己的意欲，能 (können) 為其所欲為；現在須受法律的限制，惟依法律之規定，得 (dürfen) 為其所能為。換言之，不是權力不足，不能為 (Nichtkönnen)，而是法律限制，不得為 (Nichtdürfen)①。這樣，命令的人本來只有權力，現在便負一種依法行使權力的義務。服從的人本來只負義務，現在也有一種無須服從違法的命令的權利。權力受了法律的限制，變為「權限」，從而個人之服從權力，亦由權力之發動局限於法律所允許，而變成服從法律②。法律為命令者及服從者共同遵守的規範，因之，「以罪受誅，人不怨上，以功受賞，臣不德君」（《韓非子》第三十三篇〈外儲說左下〉）。此即慎子所謂：「君人者舍法而以身治，則誅賞予奪從君心出

① 參閱 G. Jellinek, *System der Subjektiven Öffentlichen Rechts*, 2 Aufl., 1919, S. 46 ff. 尤其 S. 48.
② G. Jellinek, a. a. O., S. 194 ff., S. 197.

矣。然則受賞者雖當，望多無窮；受罰者雖當，望輕無已，君舍法，而以心裁輕重，則同功殊賞，同罪殊罰矣，怨之所由生也。是以分馬者之用策，分田者之用鉤，非以鉤策為過於人智也，所以去私塞怨也。故曰大君任法而弗躬，則事斷於法矣。法之所加，各以其分，蒙其賞罰而無怨於君也。是以怨不生而上下和矣。」（《慎子‧君人》）

但是緊箍兒不是孫行者自己製造，而是如來製成之後，經過觀世音菩薩交給唐僧，而戴在孫行者頭上的。韓非慎子固然主張法治，現在試問此種法律由誰制定呢？照韓非說：「人之情性，賢者寡而不肖者多。」（《韓非子》第四十篇〈難勢〉）而人類又有利己之心，「輿人成輿，則欲人之富貴；匠人成棺，則欲人之夭死也。非輿人仁，而匠人賊也。人不貴，則輿不售；人不死，則棺不買。情非憎人也，利在人之死也」（《韓非子》第十七篇〈備內〉）。人之情性如此，人主自亦不能例外。倘法律是由人主制定，則人主將依自己的利害，隨時改變法律。「利在故法前令則道之，利在新法後令則道之」（《韓非子》第四十三篇〈定法〉）。此乃必然之勢，無可避免。商鞅說：「國皆有法，而無使法必行之法。」（《商君書》第十八篇〈畫策〉）但是法之不行，往往是自上犯之，如何防止人主不至犯法，吾國法家對這問題，常避而不說，所以他們雖然主張法治，而他們所謂的法治乃無法使之實現。

歐洲的政治思想對這問題，確比吾國進步。孟德斯鳩說：「依吾人日常經驗，凡有權力的人往往濫用其權力。要防止權力的濫用，只有用權力以制止權力。」③孟氏對於人性既

③　F. W. Coker, *Readings in Political Philosophy*, 1938, p. 618.

同吾國法家一樣，不予信任，故其結果，亦主張法治而反對人治。至於實現法治的方法則為三權分立。所謂三權分立是將國家的權力分為立法、行政、司法三種，分屬於三個機關，使它們互相牽制。三種權力均以別種權力為緊箍兒，則濫用權力之事當然可以減少。美國制定憲法之時，受了孟氏思想的影響，分權主義成為當時政治家的信條。他們也同孟氏一樣，對於人性有不信任之心。哲斐孫 (T. Jefferson) 說：「信任我們的代表，忘記了我們權利的安全問題，這是危險的事。信任 (confidence) 是專制之母。自由政府絕不是建設於信任之上，而是建設於猜疑 (jealousy) 之上。我們用限制政權 (limited constitution) 以拘束我們託其行使權力的人，這不是由於信任，而是由於猜疑。我們憲法不過確定我們信任的限界。是故關於權力之行使，我們對人不要表示信任。我們須用憲法之鎖，拘束人們，使其不能作違法的事。」④馬的遜 (J. Madison) 亦說：「人類若是天使，不需要政府。天使若統治人類，沒有控制政府的必要。組織政府是令人類統治人類，一方需要政府能夠統治人民，他方又要求政府能夠控制自己，困難就在這裡。政府隸屬於國民，這是控制政府的初步方法。但經驗告訴吾人，除此之外，尚有再加警戒的必要。吾人分配權力之時，須使各種機關互相牽制。」⑤他又說：「立法行政司法三權集中於一手之上，這簡直可以定義為暴政 (tyranny)，固不問權力集中於一人，集中於少數人，或集中

---

④　引自 B. F. Wright, *A Source Book of American Political Theory*, 1929, p. 227.

⑤　*The Federalist*, Modern Library, 1937, No. 51, p. 337.

於多數人；也不問其人取得權力，是由於世襲，由於任命，或由於選舉。」⑥Virginia 一七七六年六月十二日的權利宣言 (Declaration of Rights) 第五條說：「三種權力必須分離而分屬於三個機關，任何權力均不得行使別個權力的職務，任誰均不得同時行使一個權力以上的權力」，這個規定又成為同年六月二十九日憲法條文的一部⑦。Massachusetts 一七八〇年六月十六日憲法第一篇權利宣言第三十條云：「本國政府乃法治政府，不是人治政府 (a government of laws and not of men)，故立法部絕不行使行政權與司法權或二者之一；行政部絕不行使立法權與司法權或二者之一；司法部絕不行使立法權與行政權或二者之一。」⑧美國聯邦憲法也本此宗旨，採用三權分立之制，立法權屬於國會（憲法第一條第一項），行政權屬於總統（第二條第一項第一目），司法權屬於法院（第三條第一項）。

　　制衡原理比之唐僧之控制孫行者似更進步。何以說呢？唐僧能夠控制孫行者，孫行者不能控制唐僧。孫行者神通廣大，識皂白，辨邪正，唐僧西行求經，一路遇到魔障，理應接受孫行者的意見，不宜自作主張，猶如「漢典故事，丞相所請，靡有不聽」（《後漢書》卷七十六〈陳忠傳〉）一樣。但是漢時皇帝有任免丞相的權，丞相無拘束皇帝之力。丞相所

---

⑥　Ibid., No. 47, p. 313.

⑦　引自 C. Schmitt, *Verfassungslehre*, 1928, S. 127. 並見於 *The Federalist*, No. 47, p. 319.

⑧　引自 H. Finer, *The Theory and Practice of Modern Government*, Vol. I, 1932, p. 162, n. 1.

請求的，皇帝不予批准，丞相所反對的，皇帝必欲施行，丞相亦莫如之何。漢在武帝以前，丞相確有牽制皇帝之力。

> （周亞夫為丞相，）竇太后曰：「皇后兄王信可侯也。」上（景帝）曰：「請得與丞相計之。」亞夫曰：「高帝約『非劉氏不得王，非有功不得侯，不如約，天下共擊之』，今信雖皇后兄，無功侯之，非約也。」上默然而沮。（《漢書》卷四十〈周亞夫傳〉）

可以視為一例。丞相有此權力，一因天子選用丞相的權受到相當限制，二因丞相自己有其社會的勢力以作後盾。所以天子雖尊，亦不敢任用佞倖為丞相，並以丞相為傀儡，任意施行不合理的政策。漢高祖奮身於隴畝之中，其登帝位，是由群臣推戴，功臣宿將「心常鞅鞅」[9]。高祖為了安慰他們，不能不剖裂疆土，封為列侯。列侯衣租食稅，固然和王國不同，不足成為反抗中央的勢力，但是其勢亦足以迫主。諸呂作亂所以失敗，就是因為列侯不與外戚合作。文帝由外藩入承大統，也是由於列侯迎立（參閱《漢書》卷四〈文帝紀〉）。列侯在政治上不但成為一個勢力，且成為對抗天子的一個勢力。漢興，丞相必以列侯為之（《漢書》卷五十八〈公孫弘傳〉）。這個制度繼續到武帝元朔五年公孫弘為相之時才見撤銷（同上）。在其尚未撤銷以前，天子須於列侯之中選擇丞相，而列侯之力又可以拘束天子，所以西漢初年丞相是代表

---

[9] 《漢書》卷一下〈高祖紀〉十二年，呂后曰：「諸將故與帝為編戶民，北面為臣，心常鞅鞅。」

列侯統百官，總百揆，藉以牽制天子之專制。「丞相所請，靡
有不聽」，這唯在丞相有其獨立的社會背景之時才能做到。丞
相沒有獨立的社會背景，而天子若有任免丞相之權，則天子
自可控制丞相，以丞相為傀儡。漢初，列侯盡是功臣，列侯
衣租食稅，其所食的租稅稱為戶稅，每戶一歲二百（《漢書》
卷九十一〈貨殖傳〉）。最初大侯不過萬家，小者五六百戶。
文景之世，流民既歸，戶口亦息，列侯大者至三四萬戶，小
侯亦倍，富厚如之 （《漢書》 卷十六 〈高惠高后孝文功臣
表〉）。但是物盛必衰，農村之中乃發生了兼併的現象，土地
漸次集中起來⑩。土地兼併，農民流亡，稅戶當然減少，而
列侯的戶稅也就隨之銳減。他們最初因為收入增加，不免窮
奢極侈。戶稅減少之後，他們還是奢侈，入不敷出，只有借
債。他們向誰借債？向富商巨賈借債⑪。但是借債只能挽救
一時之急，接著而來者則為更甚的貧窮。這個時候，國內又
有七國之變，中央政府為了討伐七國，乃使列侯從軍，令其
齎糧而出。列侯貧窮，又須借債，其息十倍⑫。亂事平定之
後，不但藩國失去勢力，便是列侯也更貧窮。列侯經濟上既
然破產，便不能不依靠朝廷的薪俸和賞賜，以維持自己的生

⑩　《漢書》卷二十四上〈食貨志〉云：「於是罔疏而民富，役財驕溢，或
　　至併兼，豪黨之徒，以武斷於鄉曲。」
⑪　《漢書》卷二十四下〈食貨志〉云：「而富商賈或蹛財役貧，轉轂百數，
　　廢居居邑，封君皆低首仰給焉。」
⑫　《漢書》卷九十一〈貨殖傳〉云：「吳楚兵之起，長安中列侯封君行從
　　軍旅，齎貸子錢家。子錢家以為關東成敗未決，莫肯予。唯毋鹽氏出捐
　　千金貸，其息什之。三月吳楚平，一歲之中，則毋鹽氏息十倍，用此富
　　關中。」

活。生活既然倚靠朝廷，於是政治上又須忍受皇帝的壓迫。
武帝時代既發行皮幣，以搾取列侯的動產⑬，又假酎金之名，
沒收列侯的食邑⑭，或委以太常之職，而乘機以罪廢之⑮。
列侯失去勢力，政治上就發生了一個變化：前此有功者才得
封侯，封侯者才得為相，現在列侯沒落，任誰都可以為相，
而為相之後，任誰都可以封侯了。即前此須有功而後封侯，
封侯而後才為相，現在可以先為相而後封侯。丞相一職解放
於列侯之外，固然政治脫去了貴族的色彩，然而因此，丞相
沒有背景，便失掉牽制天子的力量。到了這個時候，不是「丞
相所請，靡有不聽」，而是天子所要求的，丞相必須奉行。其
或不肯奉行，則天子一怒，念起緊箍兒呪，必使你「痛得豎
蜻蜓，翻觔斗，耳紅面赤，眼脹身麻」（第十四回）。哀帝之
於丞相王嘉，即其例也⑯。這與英國內閣總理以國會為後盾，
一方英王的詔令須有內閣總理副署，他方國會又能控制英王
之錢袋者，大異其趣。唐僧之與孫行者有似於皇帝與丞相的
關係。唐僧肉眼凡胎，不識魔怪，孫行者勸他「收起慈悲之
心」，他偏要「一心向善」，認妖精為好人（第二十七回、第

---

⑬　《漢書》卷二十四下〈食貨志〉云：「禁苑有白鹿，乃以白鹿皮方尺，
　　緣以繢，為皮幣，直四十萬，王侯宗室朝覲聘享，必以皮幣薦璧，然後
　　得行。」

⑭　《漢書》卷六〈武帝紀〉：「元鼎五年列侯坐獻黃金，酎祭宗廟，不如法
　　奪爵者百六人。」參閱如淳注。

⑮　《容齋隨筆》卷七〈漢晉大常〉。

⑯　哀帝時，董賢愛幸於上，上欲益封賢二千戶，丞相王嘉封還詔書，上
　　怒，嘉竟坐言事，下獄死，參閱《漢書》卷八十六〈王嘉傳〉、卷九十
　　三〈董賢傳〉。

四十回、第八十回）。孫行者畫地作圈，請他坐在中間，以為強似銅牆鐵壁，他偏要走出圈外（第五十回，參閱第五十三回）。孫行者不能拘束唐僧，又沒有別的力量能拘束唐僧。唐僧會不會濫念呪語，一唯良心是視，既沒有法律可循，而又不受任何掣肘，一切問題都是由此發生。孫行者「怕念緊箍兒呪」，往往遇到妖精，不敢打殺，而聽唐僧墮入妖精圈套（第四十回，參閱第二十七回、第八十回），最後還是孫行者「勞苦萬端，方救得出」（第五十三回）。由此可知孫行者固然要受緊箍兒呪的拘束，而唐僧如何應用緊箍兒呪，似亦有拘束之必要。否則他將不聽良言，自作主張，其尤甚者，或將利用呪語以控制孫行者之神通廣大，做出各種枉法之事，以滿足他個人的野心，這是《西遊記》的漏洞，其實就是吾國政治思想的漏洞。

孫行者勸唐僧收起善心

　　劉備殂，遺詔敕後主曰：「勿以惡小而為之，勿以善小而不為。」（〈蜀志〉卷二〈先主傳〉章武三年注引《諸葛亮集》載先主遺詔）此言也，是教後主如何修身，不是教後主如何治國。換言之，是教後主如何做人，不是教後主如何做一國元首。人主所恃以治理天下者，不是道德，而是法律。韓非說：

　　夫聖人之治國，不恃人之為吾善也，而用其不得為非也。恃人之為吾善也，境內不什數；用人不得為非，一國可使齊。為治者用眾而舍寡，故不務德而務法。夫必恃自直之箭，百世無矢；恃自圜之木，千世無輪矣。自直之箭，自圜之木，百世無有一；然而世皆乘車射禽者，何也？隱栝之道用也。雖有不恃隱栝，而有自直之箭，自圜之木，良工弗貴也。何則？乘者非一人，射者非一發也。雖不恃賞罰，而有恃自善之民，

明主弗貴也。何則？國法不可失，而所治非一人也。
故有術之君不隨適然之善，而行必然之道。（《韓非子》
第五十篇〈顯學〉）

何況「君臣非有骨肉之親」（《韓非子》第十四篇〈姦劫弒
臣〉），「人臣之情非必能愛其君也，為重利之故也」（《韓非
子》第七篇〈二柄〉）。《管子》第六十七篇〈明法解〉亦云「群
臣之不敢欺主者，非愛主也，以畏主之威勢也，百姓之爭用，
非以愛主也，以畏主之法令也」）。劉項相爭之際，豪英之士
曾比較他們兩人的性格。王陵說：「陛下嫚而侮人，項羽仁而
敬人。然陛下使人攻城略地，所降下者因以與之，與天下同
利也。項羽妒賢嫉能，有功者害之，賢者疑之，戰勝而不與
人功，得地而不與人利，此其所以失天下也。」（《漢書》卷
一下〈高祖紀〉五年）陳平說：「項王為人恭敬愛人，士之廉
節好禮者多歸之，至於行功賞爵邑重之，士亦以此不附。今
大王嫚而少禮，士之廉節者不來。然大王能饒人以爵邑，士
之頑頓嗜利無恥者亦多歸漢。」（《漢書》卷四十〈陳平傳〉）
酈食其說：「漢王降城即以侯其將，得賂則以分其士，與天下
同其利，豪英賢材皆樂為之用。項王於人之功無所記，於人
之罪無所忘，戰勝而不得其賞，拔城而不得其封。非項氏，
莫得用事。為人刻印玩而不能授，攻城得賂，積財而不能賞，
天下畔之，賢材怨之，而莫為之用。」（《漢書》卷四十三〈酈
食其傳〉）兩人性格如此，一則享有四海，一則不能保其首
領。由此可知人主所恃者為刑賞，而非仁義。要是欲行小善，
藉以取得天下，更是痴人夢想。

作者不是反對道德，道德是無人反對的。作者所不敢同
意的，乃是人主治理國務，不依法律，而依道德之說。道德
是律己的，法律是律人的。人主對己，固然要以道德自勉，
對人卻不能單用道德勉勵。顏回屢空，一簞食，一瓢飲，衣
褞袍，居陋巷，人不堪其憂，回也不改其樂，這是道德行為。
人主對己，固然應該一簞食，一瓢飲，對人卻不能不希望大
眾都有玉粒珍羞；對己，固然應該衣褞裙，對人卻不能不希
望大眾都有美服華裙；對己，固然應該居陋巷，對人卻不能
不希望大眾都有高屋崇宇。管子說：

> 政之所興，在順民心，政之所廢，在逆民心。民惡憂
> 勞，我佚樂之。民惡貧賤，我富貴之。民惡危墜，我
> 存安之。民惡滅絕，我生育之。能佚樂之，則民為之
> 憂勞。能富貴之，則民為之貧賤。能存安之，則民為
> 之危墜。能生育之，則民為之滅絕。從其四欲，則遠
> 者自親，行其四惡，則近者叛之。故知予之為取者，
> 政之寶也。(《管子》第一篇〈牧民〉)

天天希望大眾同顏回一樣，一簞食，一瓢飲，衣褞袍，居陋
巷，是以聖人之所難，而望眾人為之。倘若自己衣則嗶嘰，
食則魚翅，住則洋樓，行則汽車，而乃要求大眾忍受苦痛，
冬暖而兒號寒，年豐而妻啼飢，則不談道德還可，一言道德，
只有引起大眾反感。

我研究漢宋學說，以為漢學所注意的，是治國平天下之
術，而非修身齊家之道；宋學所注意的，是修身齊家之道，

而非治國平天下之術。漢學注意治平，並未忘記修齊之道，宋學注意修齊，而卻忘記治平之術。降至明代，為人主者乃更進一步，要求人民修身齊家，以供他們治國平天下之用。政有不理，則曰非我之罪也。有治平之權，而不負治平之責，則連宋學都沒有念通了。修齊之說創自儒家。漢武帝「罷黜百家，表章六經」，然究其實，武帝並未實行孔孟主義，更未曾重用儒生。當時四夷未賓，制度多闕，上方欲用文武，求之如弗及，故曾下詔徵求斲弛之士，待以不次之位（《漢書》卷六〈武帝紀〉元封五年詔）。儒生不過董仲舒（治《春秋》，位至丞相）、公孫弘（學《春秋》雜說，位至丞相）、兒寬（治《尚書》，位至御史大夫）三人，而三人又皆「明習文法，以經術潤飾吏治」（《漢書》卷八十九〈循吏傳‧序〉）。宣帝曾說：「漢家自有制度，本以霸王道雜之，奈何純任德教，用周政乎？」（《漢書》卷九〈元帝紀〉）道德是用勸戒之言，勸人為善，戒人為惡。但是勸戒之言只可與上智者語，不可與下愚者言。上智者寡而下愚者多，所以道德觀念常至於窮，於是宗教方面就濟之以天堂地獄之說，政治方面又濟之以刑賞。刑所以嚇人，賞所以誘人。誘之以名利，賞其為善；嚇之以刑獄，罰其為惡。賞是人人所愛的，刑是人人所畏的。這個愛畏情緒便是政治能夠施行的心理條件。人主蔑視這個心理條件，一切作為必至徒勞無功。反之，人主若能利用人類愛畏之情，誘之以所愛，嚇之以所畏，必能驅使幹部推行政令，又能驅使人民奉行政令。管子說：「明主之治也，懸爵祿以勸其民，民有利於上，故主有以使之。立刑罰以威其下，下有畏於上，故主有以牧之。故無爵祿，則主無以勸民；無刑罰，

則主無以威眾。故人臣之行理奉命者，非以愛主也，且以就利而避害也。百官之奉法無姦者，非以愛主也，欲以愛爵祿而避罰也。」（《管子》第六十七篇〈明法解〉）又說：「明主之道，立民所欲，以求其功，故為爵祿以勸之；立民所惡，以禁其邪，故為刑罰以畏之。」（同上）「夫慕仁義而弱亂者三晉也，不慕仁義而治強者秦也」（《韓非子》第三十二篇〈外儲說左上〉）。「秦國之俗，貪狠強力，寡義而趨勢，可威以刑，而不可化以善，可勸以賞，而不可勵以名」（《淮南子》卷二十一〈要略〉）。風俗如斯，而建設中華民族大一統的國家者不是三晉，而是秦。何以故呢？商鞅變法，知順秦民之性，用嚴刑以威民，立重賞以勵民。刑賞者人主之二柄也。韓非說：「明主之所道制其臣者，二柄而已矣。二柄者刑德也。何謂刑德？曰殺戮之謂刑，慶賞之謂德，為人臣者，畏誅罰而利慶賞，故人主自用其刑德，則群臣畏其威，而歸其利矣。」（《韓非子》第七篇〈二柄〉）孔子為魯大司寇，攝行相事，必殺少正卯，而毀三孫之城，何曾專講仁義惠愛。「世之學者說人主，皆曰仁義惠愛而已矣。世主美仁義之名，而不察其實，是以大者國亡身死，小者地削主卑。故善為主者，明賞設利以勸之，使民以功賞，而不以仁義賜；嚴刑重罰以禁之，使民以罪誅，而不以愛惠免。是以無功者不望，而有罪者不幸矣」（《韓非子》第十四篇〈姦劫弒臣〉）。這是治國的道理。「勿以惡小而為之，勿以善小而不為」，此係做人的道理，二者應有區別。

說到這裡，閱者將提出抗議，以為文不對題。但是，閱者須知本書不是以文藝的眼光，批評《西遊記》；也不是以考

證的方法，研究《西遊記》，而是借用《西遊記》的情節，借題發揮，說明政治的道理。唐僧西行取經，其功業之偉大不在漢高祖、唐太宗之下，而百靈下界，一路遇到妖魔，其成功的艱難比之漢高祖、唐太宗之與敵人搏鬥，似有過而無不及。自古成大功立大業者無不克服無數次的艱難，而這艱難又常是阻礙了成功之路，不能逃避而只有克服。「哪方有火？東方南方北方俱無火。哪方有經？西方有經。有經處有火，無經處無火」，這確實是「進退兩難」了。而唐僧仍說：「我只欲往有經處去。」（第五十九回）即欲往有火處去。雄心勃勃，而又不避危險，這是古來立大功成大業者必需的條件。秦末，陳涉起事，「郡縣多殺長吏以應涉。沛縣父老共帥子弟，殺沛令，開城門，迎高祖，欲以為沛令。高祖曰『此大事，願更立可者。』蕭（蕭何）、曹（曹參）等皆文吏，自愛，恐事不成，後秦種族其家，盡讓高祖，高祖乃立為沛公」（《漢書》卷一上〈高祖紀〉秦二世元年）。高祖有取天下的雄心，而又不惜孤注一擲。蕭、曹文吏，雖有興邦佐國之才，而畏首畏尾，不敢冒險，只能因人成事。唐僧跋履山川，踰越險阻，其有取經的雄心，誰都不能否認。然要實現雄心，必須克服艱難，這個艱難是現實的，而非念念《多心經》（第十九回），就可了事。換言之，須有具體的實力，絕非抽象的觀念所能解決。佛門弟子本以慈悲為懷。唐僧敬重三寶，富貴不能動其心，威武不能屈其志，只因有了好「善」之心，卻延擱了許多前程。韓非說：「好惡見，則下有因，而人主惑矣。」（《韓非子》第三十四篇〈外儲說右上〉）妖魔「因」唐僧向善之心，遂設圈套，使唐僧墜入其中，而不之覺。「尸魔

三戲唐三藏」（第二十七回），孫行者謂其「一心向善」，故有
此災（第三十二回）。銀角大王說：「我看見那唐僧，只可善
圖，不可惡取。若要倚勢吃他，聞也不得一聞，只可以善去
感他，賺得他心與我心相合，卻就善中取計，可以圖之。」
（第三十三回）紅孩兒說：「若要倚勢而擒，莫能得近，或者
以善迷他，卻到得手。但哄得他心迷惑，待在我善中生機，
斷然拿了。」（第四十回）對這妖精圈套，孫行者勸告唐僧：
「師父，今日且把這慈悲心收起，待過了此島，再發慈悲
吧！」（同上）姹女求陽之時，孫行者又警告唐僧：「師父要
善將起來，就沒藥醫。」（第八十回）一路遇到魔障，而均為
「善」所迷，中了妖精圈套。商鞅說：「凡人臣之事君也，多
以主所好事君。」（《商子》第十四篇〈修權〉）韓非說：「君
無見其所欲，君見其所欲，臣將自雕琢。君無見其意，君見
其意，臣將自表異。故曰去好去惡，臣乃見素，去智去舊，
臣乃自備。」（《韓非子》第五篇〈主道〉）昔者，燕王子噲好
名，欲為堯舜，而以子之為賢，讓之以國，遂致齊師來伐，
兵敗身死，此人主好名，人臣飾賢以要其君之例也。漢代取
士有選舉之制，所謂選舉是鄉舉里選，採毀譽於眾多之論。
但是一般民眾哪裡有評判的能力，因之覈論鄉黨人物，就有
待於當地的名流，汝南月旦可以視為一例（《後漢書》卷九十
八〈許劭傳〉）。凡人能夠得到名流賞識，無不身價十倍，如
登龍門（《後漢書》卷九十七〈李膺傳〉）。一般士子遂矯飾其
行，以邀名流青睞。至其末造，沽名釣譽乃成風俗。舉一例
說：

> 許武舉為孝廉。武以二弟晏、普未顯，欲令成名，乃
> 共割財產，以為三分。武自取肥田廣宅奴婢強者，二
> 弟所得並悉劣少。鄉人皆稱弟克讓而鄙武貪婪。晏等
> 以此並得選舉。武乃會宗親泣曰：「吾為兄不肖，盜聲
> 竊位，二弟年長，未豫榮祿，所以求得分財，自取大
> 譏，今理產所增三倍於前，悉以推二弟，一無所留。」
> 於是郡中翕然，遠近稱之，位至長樂少府。(《後漢書》
> 卷一百六〈許荊傳〉)

既自污以顯弟，復剖陳以自顯，一舉而兄弟皆貴，盜名竊位
於茲為甚。此亦朝廷尚賢之過也。所以韓非又說：「上用目，
則下飾觀；上用耳，則下飾聲；上用慮，則下繁辭。」(《韓
非子》第六篇〈有度〉)妖魔之於唐僧，固曾多方誘之，而皆
不能動其心，最後誘之以善，唐僧果然墜入圈套。此即韓非
所謂「人主好賢，則群臣飾行以要君欲」(《韓非子》第七篇
〈二柄〉)之意。

　　更進一步觀之，古來政治上成功的人往往不講小節，有
時他的行為且與「善」字相反。賈誼說：「人主之行異布衣，
布衣者節小行，競小廉，以自託於鄉黨邑里。人主者，天下
安，社稷固不耳……故大人者不恤小廉，不牽小行，故立大
便，以成大功。」(《賈子新書》卷一〈益壤〉)齊桓公多內寵
而霸，宋襄公行仁義而亡，這是讀史者共知的事。楚漢相爭
之際，項羽大破漢軍於彭城，漢王與數十騎遁去，「道逢得孝
惠、魯元，乃載行。楚騎追漢王，漢王急，推墜孝惠、魯元
車下，滕公(夏侯嬰)常下收載之，如是者三，曰：『雖急，

不可以驅，奈何棄之！』於是遂得脫」（《史記》卷七〈項羽本紀〉，參閱卷九十五〈夏侯嬰傳〉及《漢書》卷四十一〈夏侯嬰傳〉）。這固然是「為天下者不顧家」，然而蹳下兩兒乃欲減輕載量，以便自己逃命，其忍心害理，完全為私，而非為公。諸呂作亂，太尉周勃之功最偉，而文帝即位之日，即夜拜宋昌（由代國帶來的親信）為衛將軍，領南北軍，藉以牽制太尉周勃。俄而又徙周勃為丞相。不久，又免丞相勃，遣就國（《漢書》卷四〈文帝紀〉、卷四十〈周勃傳〉），蓋國有威可震王之臣，非國家之福。七國之亂，周亞夫之功最大，其結果如何。景帝說：「此鞅鞅，非少主臣也」，遂乘其子買甲楯以為葬器之時，逮亞夫入獄。此際獄吏與亞夫之對話，真是無理極了。

> 廷尉責問曰：「君侯欲反何？」亞夫曰：「臣所買器乃葬器也。何謂反乎？」吏曰：「君縱不欲反地上，即欲反地下耳！」……亞夫不食，五日嘔血而死。（《漢書》卷四十〈周亞夫傳〉）

至於武帝之殺鉤弋夫人（趙倢伃），更出於深謀遠慮。

> 鉤弋夫人之子弗陵（昭帝），年數歲，形體壯大多知，上奇愛之，欲立焉，以其年稺母少，猶豫久之。後數日帝譴責鉤弋夫人，夫人脫簪珥，叩頭，帝曰：「引持去，送掖庭獄。」夫人還顧，帝曰：「趣行，汝不得活！」卒賜死。頃之，帝閒居，問左右曰：「外人言云

何？」左右對曰：「人言『且立其子，何去其母乎？』」
帝曰：「然，是非兒曹愚人之所知也。往古國家所以
亂，由主少母壯也。女主獨居驕蹇，淫亂自恣，莫能
禁也。汝不聞呂后邪，故不得不先去之也。」（《資治
通鑑》卷二十二漢武帝後元元年）

即東漢母后臨朝之禍，武帝早已看到，故欲立其子，先去其
母，其忍心害理是為公而非為私。政治上的是非與倫理上的
善惡有時未必一致。父仇不共戴天，而禹乃佐舜治水。兄弟
應該友愛，而周公竟殺管、蔡。徒「善」不足以為政，小善
只足以誤國。孫行者「穿古洞，入深林，擒魔捉怪，吃盡千
辛萬苦」（第二十七回），積了許多經驗，而後勸告唐僧收起
善心。取經尚且如此，何況治國平天下！

蓮花洞二魔念起呪語就可使喚山神土地

　　鮑宣對漢哀帝說:「夫官爵非陛下之官爵,乃天下之官爵也。」(《漢書》卷七十二〈鮑宣傳〉)人君固不能用官爵以市恩,用官爵以位置自己的私人,而人臣得到官爵之後,也不必感恩載德,而效閹宦宮妾之忠。荀子說:「明主有私人以金石珠玉,無私人以官職事業。」(《荀子》第十二篇〈君道〉)孟子云:「君有大過則諫,反覆之而不聽,則易位。」(《孟子‧萬章下》)所謂易位乃放逐舊君,迎立新君之意。荀子說:「天之生民非為君也,天之立君以為民也」(《荀子》第二十七篇〈大略〉)。君而不君,則為天下萬民起見,自應犧牲一人以利萬民,犧牲一姓以利天下。湯武革命,後人稱之為賢聖。孟子周遊列國,說諸侯以王道,王道者代周天子而王天下之道也。目中哪裡有什麼正統觀念。

　　官階雖有高低之別,官吏的地位都是獨立的,其執行職務都是根據法律的。我們知道下屬必須奉行上司的命令。其實,下屬奉行命令,不是因為命令出之於上司,而是因為上

司依法發布命令；命令的內容又無違法之處，而可以視為國家的命令。倘令上司不依法發布命令，或依法發布了，而命令的內容有違法之處，則下屬沒有奉行的義務。「在英國，法律不許人們藉口於命令而作不法之事。任誰都沒有服從不法命令的義務。所以一個士兵依將帥的命令，向無辜群眾開槍，而致引起死傷者，該士兵實犯了殺人的罪。總之，凡依別人命令而作不法之事，皆不能以之為辯解的理由，縱令受命的人有服從發令的人的義務。」①即英國法律承認每個官吏有其獨立的人格，並希望每個官吏不盲從上司的命令。蓋唯如此，而後國基才能鞏固。在軍隊中，縱令將官陣亡了，校官陣亡了，而兵士亦能獨立作戰。在政府中，縱令內閣總理突然死了，各部部長也突然都死了，而一般文官亦能繼續執行其職務。這比之獨裁國家，獨裁者一旦死亡，全國就陷入癱瘓之境者，當然不同。吾國刑法第二十一條云：「依所屬上級公務員命令之職務上行為，不罰。但明知命令違法者，不在此限。」這也是希望官吏有獨立的人格，不要以服從為盡忠，服從而違法，還須受刑法上的制裁。

　　不幸得很，古來為人君者無不要求其臣聽命，而為人臣者也往往忘記自己是國家的官吏，並非一人一姓的僕妾，以聽命為盡忠，一則聽命，二亦聽命，措置乖方亦聽命，詔令違法亦聽命。聽命成為習慣，於是又進一步，不問發命令的人是否有權發命令，只要有人發命令，就奉行唯謹，不敢反抗。這種聽命的作風射入國人的腦中，國人遂謂神仙社會也是一樣。只要念著呪，燒了符，即「發了文書，燒了文檄」

①　W. E. Hearn, *The Government of England*, p. 99.

（第四十五回），要風，風伯放風；要雲，雲童布雲；要雷，雷將鳴雷；要雨，龍王行雨。風雲雷雨「四部神祇」只知奉行命令，不問誰發命令（同上）。我們再看蓮花洞二魔金角大王及銀角大王，念動呪語，就得拘喚土地在他洞裡，一日一個輪流當值，「念起遣山呪法」，山神就把三座大山壓住孫行者。難怪孫行者仰面朝天，高聲大叫道：「蒼天蒼天，我也曾遍訪明師，傳授長生秘訣，想我那隨風變化，伏虎降龍，大鬧天宮，名稱大聖，更不曾把山神土地欺心使喚，今日這個妖魔無狀，怎敢把山神土地喚為奴僕，替他輪流當值。」（第三十三回）此無他，涇河龍王「行雨差了時辰，少些點數」，就遭殺於人曹之手（第十回）。聽命者為忠誠，不聽命者處死刑。在這種作風之下，誰人敢審查命令，當然奉命唯謹，不問發命令的是否有發命令的權；命令之發布是否依法定程序為之；命令的內容是否沒有違反法律之處。

> 曾子曰：「敢問子從父之令，可謂孝乎？」子曰：「是何言與？是何言與？昔者天子有爭臣七人，雖無道不失其天下。諸侯有爭臣五人，雖無道不失其國。大夫有爭臣三人，雖無道不失其家。士有爭友，則身不離於令名。父有爭子，則身不陷於不義。故當不義，則子不可以不爭於父，臣不可以不爭於君。故當不義，則爭之。從父之令，又焉可得為孝乎？」（《孝經》第十五章〈諫諍〉）

而荀子亦謂「從道不從君，從義不從父，人之大行也」（《荀

子》第二十九篇〈子道〉，且引孔子之言：

> 魯哀公問於孔子曰：「子從父命孝乎？臣從君命忠
> 乎？」孔子曰：「昔萬乘之國有爭臣四人，則封疆不
> 削；千乘之國有爭臣三人，則社稷不危；百乘之家有
> 爭臣二人，則宗廟不毀。父有爭子，不行無禮；士有
> 爭友，不為不義。故子從父，奚子孝；臣從君，奚臣
> 貞？審其所以從之之為孝，之謂貞也。」（《荀子》第
> 二十九篇〈子道〉）

子不以聽命為孝，臣不以聽命為忠貞，吾國先哲固已明言之
矣。

　　後世人主往往不明此中道理，不希望群臣有獨立的人格，
以為我既授你以官祿，你就要服從我的命令，命令的形式和
實質有否違法，你們不得過問，這是最危險的事。蓋群臣非
依法律服從命令，乃因官爵服從命令，服從與官爵成為連帶
關係，其結果也，今日人主授我以官爵，我固須對之服從，
明日僭主甚至於敵國授我以官爵，我亦須對之服從了。西漢
之世，公卿百官所服從的是法律，雖以皇帝之尊，苟其命令
有違法之處，百官亦無奉行的義務。漢景帝時，周亞夫為丞
相，竇太后曰：「皇后兄王信可侯也。」上曰：「請得與丞相
計之。」亞夫曰：「高帝約『非劉氏不得王，非有功不得侯，
不如約，天下共擊之』，今信雖皇后兄，無功侯之，非約
也。」上默然而沮（《漢書》卷四十〈周亞夫傳〉）。豈但違法
而已，命令若不合理，百官亦須抗爭。漢宣帝時，趙充國率

兵伐羌，欲用屯田政策，「貧破其眾」，上奏陳情，天子不許；充國再上奏陳請，天子又不許；充國復上奏陳請，上於是報充國曰：「今聽將軍，將軍計善。」（《漢書》卷六十九〈趙充國傳〉）趙普為宋之開國元勳，嘗奏薦某人為某官，太祖不用。普明日復奏其人，亦不用。明日普又以其人奏，太祖怒，碎裂奏牘擲地。普顏色不變，跪而拾之以歸。他日補綴舊紙，復奏如初，太祖乃悟，卒用其人。又有群臣當遷官，太祖素惡其人，不與。普堅以為請，太祖怒曰：「朕固不為遷官，卿若之何？」普曰：「刑以懲罰，賞以酬功，古今通道也。且刑賞天下之刑賞，非陛下之刑賞，豈得以喜怒專之？」太祖怒甚，起，普亦隨之。太祖入宮，普立於宮門，久之不去，竟得俞允（《宋史》卷二百五十六〈趙普傳〉）。唯有合理的或合法的不聽命的將相，而後國基才能鞏固，要是個個大臣都如漢哀帝時鮑宣所言：「以苟容曲從為賢，以供默尸祿為智。」（《漢書》卷七十二〈鮑宣傳〉）則政治必無革新的希望。唐德宗時，陸贄有言：「自頃邊軍去就，裁斷多本宸衷，選置戎臣，先求易制，一則聽命，二亦聽命，爽於軍情亦聽命，乖於事宜亦聽命。將帥既幸於總制在朝，不憂於罪累，陛下又以為大權由己，不究事情。」（《舊唐書》卷一百三十九〈陸贄傳〉）觀德宗之作風，則其受惑於盧杞，決非偶然。

　　天子要求公卿聽命，公卿要求百官聽命，百官也強迫庶民聽命。上自天子，下至百官，皆以自己之言為是，不許下屬懷疑。「夫不察事之是非，而悅人贊己，闇莫甚焉；不度理之所在，而阿諛求容，諂莫甚焉」（司馬光〈應詔言朝政闕失狀〉）。「子思言於衛侯曰：『君之國事將日非矣。君出言自以

為是，而卿大夫莫敢矯其非；卿大夫出言自以為是，而士庶人莫敢矯其非。君臣既自賢矣，而群下同聲賢之。賢之則順而有福，矯之則逆而有禍，如此則善安從生？』」（同上）上闇下諂，遇到敵國外患，往往不攻自破。蓋聽命絕不是忠誠，而是阿諛。阿諛的人不識世間有廉恥事，國家興亡，他們「如失主犬，後主飼之，便復為用」（《梁書》卷十七〈馬仙琕傳〉）。晉高祖石敬瑭殂，少帝即位，契丹年年伐晉，天福十二年契丹入主東京，

> 百官易素服紗帽，迎契丹主，伏路側請罪……民皆驚呼而走。契丹主登城樓，遣通事諭之曰：「我亦人也，汝曹勿懼，會當使汝曹蘇息。我無心南來，漢兵引我至此耳！」……契丹主分遣使者，以詔書賜晉之藩鎮。晉之藩鎮爭上表稱臣，被召者無不奔馳而至。（《資治通鑑》卷二百八十六後漢高祖天福十二年）

這是一幅絕妙的官民對照圖。百官平日聽命慣了，而聽命的原因則為保存官爵。所以契丹主「詔晉文武群官一切如故」（《資治通鑑》卷二百八十五後晉齊王三年），他們就移其聽命於晉者，以聽命於契丹。反之百姓沒有官爵，他們不能藉官爵而食租稅，反而須出租稅以養其上。所以他們對於異族雖然不能積極的作革命運動，而尚能消極的不與契丹合作。「農民保聚山谷，避契丹之患」（《資治通鑑》卷二百八十六後漢高祖天福十二年）。契丹得到土地，而不能得到人民，中原蕭條，十室九空，「猶雛飛之後，徒有空巢」（契丹主之言。

見《遼史》卷四〈太宗紀〉大同元年）。而「東方群盜大起」，
竟令契丹主謂左右曰：「我不知中國之人難制如此！」（《資治
通鑑》卷二百八十六後漢高祖天福十二年）遂放棄其建國於
中原之意，不能不急急北歸。由此可知平日慣於聽命的人早
已失掉了獨立的意志，而無獨立的人格，表面上似是忠誠，
實際上最不足恃，其願受敵人指揮，無異於山神、土地之服
從惡魔呪語。

　　山神、土地猶如人世的鄉官一樣，地位甚低。他們與天
上仙官不同，沒有一定祿俸，只能就地享受人間香火（參閱
第十五回落伽山山神之言）。孫行者念動呪語所喚出的山神、
土地大率是年老（參閱第五十回、第七十二回及第八十一回）
而衣冠不整（參閱第四十回）。年老而居下位，表示其無法
力。衣冠不整，在大仙猶可說是不修邊幅，赤腳大仙即其例
也（第五回，既云赤腳當然是不穿襪子）。在小神，不過表示
「少香沒紙，血食全無」（第四十回）。以如斯之祿俸何能任
用神通廣大的神祇？以如斯之神祇，而委以守土之責，一旦
遇到妖精之有大能力者，當然懼其欺凌，退避三舍（參閱第
七十二回及第七十九回），縱欲「啟奏上天，奈何神職微小，
不能見得玉帝」（第四十三回）。在這種情況之下，聽到妖魔
念起呪語，何能不奉命唯謹。

　　說到這裡，我們不能不聯想到地方官的素質。茲只舉漢
唐兩代為例言之。西漢時，「縣令多取郡吏之尤異者，是以習
其事而無不勝之患」（顧炎武《日知錄》卷八〈選補〉）。至於
鄉官如三老嗇夫游徼固然官秩甚卑，然「賢士長者未嘗不仕
郡縣也。自曹掾書史馭吏亭長門幹衛卒游徼嗇夫盡儒生學士

為之」（《文獻通考》卷三十五「吏道」引公非劉氏言）。儒生
學士所以願意屈就胥吏之職，乃有兩種原因：一是胥吏能夠
直接向天子言事。

> 漢世之於三老，命之以秩，頒之以祿。當日為三老者
> 多忠信老成之士也。上之人所以禮之者甚優，是以人
> 知自好，而賢才亦往往出於其間。新城三老董公遮說
> 漢王，為義帝發喪，而遂以取天下。壺關三老茂上書，
> 明戾太子之冤，史冊炳然，為萬世所稱道。（顧炎武
> 《日知錄》卷八〈鄉亭之職〉）

這與山神、土地不能啟奏上天者不同。二是胥吏有拔擢的機
會。

> 漢法，郡縣秀民推擇為吏，考行察廉，以次遷補，或
> 至二千石，入為公卿。黃霸起於卒史，薛宣奮於書佐，
> 朱邑選於嗇夫，丙吉出於獄吏，其餘名臣循吏由此而
> 進者，不可勝數。（《文獻通考》卷三十五「吏道」引
> 蘇軾言）

因此之故，賢士大夫不但不以屈身於胥吏為辱，且多借徑於
胥吏以發身。武帝討伐匈奴，師出三十餘年，徵發無度，「蝗
蟲大起，赤地數千里」（《漢書》卷七十五〈夏侯勝傳〉），而
國內晏然無事，即因賢士大夫願先為郡縣胥吏，而地方行政
甚見健全故也。唐太宗雖然知道，「治人之本莫如刺史最重，

縣令甚是親民要職」（《唐會要》卷六十八〈刺史上〉，貞觀三
年），而對其人選卻不甚注意，有如馬周所說：「今朝廷獨重
內官，刺史縣令頗輕其選。刺史多是武夫勳人，或京官不稱
職，方始外出。邊遠之處，用人更輕。」（同上，貞觀十一
年）同時士君子也不樂外任。唐代定俸之初，京官雖有歲祿，
外官則否（《新唐書》卷五十五〈食貨志五〉），貞觀中始頒外
官之祿，然猶降京官一等（同上）。唐人云：「俸薄者無願人
去，祿厚者終日爭先。」（《唐會要》卷六十九〈刺史上〉，大
中六年十二月）外官的祿低於京官，這是唐代士大夫不願外
任的一個原因。其次，西漢時，公卿多出胥吏。唐代初年，
內官如中書侍郎、黃門侍郎亦得參知政事，成為宰相之職，
而外官如都督刺史者，其品雖高，卻不易入參朝政。玄宗曾
選京官有才望者以補刺史，而當時士大夫猶輕外任。

> 倪若水開元初為中書舍人尚書右丞，出為汴州刺史。
> 時天下久平，朝廷尊榮，人皆重內任，雖自冗官擢方
> 面，皆自謂下遷。班景倩自揚州採訪使入為大理少卿，
> 過州，若水餞於郊，顧左右曰，班公是行若登仙，吾
> 恨不得為騶僕。（《新唐書》　卷一百二十八　〈倪若水
> 傳〉）

外官地位低於內職，這是唐代士大夫不願外任的第二原因。
士大夫不願外任，因之「外任多是貶累之人」（《唐會要》卷
六十八〈刺史上〉，長安四年李嶠之言）。韋嗣立說：「京官有
犯罪，聲望下者方遣牧州，吏部選人，暮年無手筆者方擬縣

令。」（同上，景龍三年）至於荒遠地區，人選更為猥濫。盧懷慎說：「內外官有賕餉狼籍，剚剝蒸人，雖坐流黜，復還為牧守，任以江淮嶺磧，粗示懲貶。以罪吏牧遐方，是謂惠姦而遺遠。」（《新唐書》卷一百二十六〈盧懷慎傳〉）平時既不注意地方官的人選，宜乎安史作亂，「祿山所過，州縣望風瓦解，守令或開門出迎，或棄城竄匿，或為所擒戮，無敢拒之者」（《資治通鑑》卷二百十七唐玄宗天寶十四載）。吾人讀唐代歷史，又可了解二魔何以能夠使喚山神、土地了。

　　文人所描寫的小說必不能離開現實社會。吾國古代的君臣關係既以聽命為盡忠矣，而外官人，除西漢外，縱以牧守之尊，亦不注意，至於鄉官更見猥雜。在這種政風之下，文人所描寫的山神、土地遂表現為老耄無能之輩或卑鄙齷齪之徒。他們平日慣於聽命，一旦遇到妖魔念起呪語，而誤認為天子綸音，奉命唯謹，可以說是勢之必然，無足怪也。

烏雞國國王不敢在冥府控告全真怪

耶林 (Rudolf von Ihering) 說：「正義之神一手執衡器，以權正義，一手執寶劍，以實現正義。寶劍而無衡器，不過暴力，衡器而無寶劍，只是有名無實的權利。二者相依相輔，揮動寶劍的威力與運用衡器的技巧能夠協調，而後法律才完全見諸實行。」①正義之神失掉寶劍，不過表示司法不能執行其判決，而司法本身尚未腐化；倘若失掉衡器，那便是司法作枉法的裁判，正義之神變成了邪惡之神。

廷尉張釋之說：「廷尉，天下之平也。」(《漢書》卷五十〈張釋之傳〉) 古人雖知審判必須公平，不別親疏，不殊貴賤，一斷於法。但如何而能實現公平的審判，古人卻未曾提出具體的方案。司法機關不獨立於行政機關之外，不但司法官的地位沒有保障，同時行政官就是司法官，故除其人稍有良心之外，而乃希望「法不阿貴，繩不撓曲」(《韓非子》第六篇〈有度〉)，事所難能。凡事不求於必然的制度，而求於

---

① R. v. Ihering, *Der Kampf ums Recht*, 21 Aufl., 1925, S. 1.

適然②的良心，這是吾國政治的缺點。

古代親民之官乃同時兼為行政官與司法官。漢宣帝說：「庶民所以安其田里，而無歎息愁恨之心者，政平訟息也」（《漢書》卷八十九〈循吏傳‧序〉）。政與訟由同一機關理之，苟得其人，固然政平而訟理，不得其人，則人民絕望，無所告愬。現代司法不但審判人民相互之間的訴訟，且又審判人民與政府之間的訴訟，徵役耶，不應徵而徵，徵稅耶，不應徵而徵，皆得控訴於法院，要求法院作公平的裁判。倘若審判這兩種訴訟的人就是徵役和徵稅的行政機關，哪裡能夠得到公平。縱令當事人兩造都是平民，而其間亦有貧與富，弱與強的差別。富而強者因其富厚，交通王侯，裁判官的地位沒有保障，何能不受政治勢力的影響。所以不茹柔，不吐剛，審判公平的人常有青天之稱；所謂循吏不過政治上又能從民之欲，而不擾亂，最多再加以勸課農桑、減省租賦、興立學校而已。

這種青天的官在吾國並不多有，司法的官往往是「明知為無罪之人，而使其受追訴或處罰，或明知為有罪之人，而無故不使其受追訴或處罰」（吾國刑法第一二五條第一項第三款）。法官利用職權而作違法的事，世上不公平莫此為甚。耶林稱之為「司法殺人」（Justizmord）。

看守法律的人而竟殺害法律，這在法律上實犯了極大的罪惡。在古代羅馬，法官收賄，處死刑。司法破壞

---

② 適然二字見《韓非子》第五十篇〈顯學〉，適然謂偶然也。原文云：「故有術之君不隨適然之善，而行必然之道。」

　　法律，無罪變為有罪，這最傷害人類的法律感情，而
　　對於司法，則為殘酷的魔鬼。然而受犧牲的能夠甘心
　　麼？他被驅逐出法律之外，只有利用自己的武力，報
　　仇雪恨，並行使自己的權利。他除誅殺這種社會的公
　　敵之外，往往一憤之下，成為強盜，而不厭殺人。③

　這是德國表表大名的法律學者耶林先生的話。此言也，吾人
雖然不敢全部同意，而稗官小說所描寫的「好漢」、「俠客」，
便是法律不與保護，迫上梁山，自稱為「替天行道」，鋤強扶
弱，而得到社會稱讚的人。這種好漢，這種俠客，「其行雖不
軌於正義，然不愛其軀，赴士之阨困，蓋亦有足多者焉」。
「天下有道，百官有司奉法承令，以脩所職，失職有誅，侵
官有罰。」到了末世，上失其政，「豪暴侵陵孤弱，恣欲自
快」，有道之士尚不免於災難，則中材遇害，更何可勝數？這
個時候，俠客「以匹夫之細，竊殺生之權」，其罪雖不容於
誅，而「振窮周急」，「俠客之義又曷可少哉」（參閱《史記》
卷一百二十四及《漢書》卷九十二〈游俠傳‧序〉）。由此可
知司法不得其平，而後有俠客。「俠以武亂禁」（《韓非子》第
四十九篇〈五蠹〉），他們雖受社會的尊敬，而卻不容於朝廷，
俠客不能存在，於是陰間審判之說生矣。
　　司法不公平，而替天行道的俠客又不存在，人民悲觀之
極，只有寄希望於十殿閻王。你們惡毒的不要得意吧！生前
作威作福，死後要沉淪鬼道，打入十八層地獄。你們積德的
不要悲哀吧！生前受盡欺凌，死後得昇化仙道或超生富貴之

③　R. v. Ihering, a. a. O., S. 64.

道（參閱第十一回）。這種觀念有似於《聖經》所言。《新約
聖經》有四部福音書，其著作年代，〈馬可〉最早，〈路加〉
次之，〈馬太〉又次之，〈約翰〉最後。〈路加福音〉中有一段
話：

> 你們貧窮的人有福了，因為上帝的國是你們的。你們
> 饑餓的人有福了，因為你們將要飽足。你們哀哭的人
> 有福了，因為你們將要喜笑……但你們富足的人有禍
> 了，因為你們受過安慰。你們飽足的人有禍了，因為
> 你們將要饑餓。你們喜笑的人有禍了，因為你們將要
> 哀慟哭泣。（〈路加福音〉第六章第二十一節以下）

何以貧窮的人有福，富足的人有禍？福音書未加說明。若只
就字句觀之，並不是因為前者是積德，後者是惡毒。換言之，
富人不能進入天國，不是因為他有罪惡，而是因為他有財產。
這種仇恨富人的心理，在基督教流行於羅馬帝國之後，勢非
修改不可。何以故呢？基督教對於貧人既然表示同情，說他
們有福，說天國是他們的。然在羅馬末季，貧民的生活極其
悲慘，貧居陋巷，龁食牛衣。對這貧苦的人苟不與以物質上
的援助，雖然口若懸河，宣傳天國的快樂，亦必不能永久得
到他們的信仰。因此，教會就有了救貧制度。但是救貧的資
金從何而來呢？貧民自顧不暇，哪有金錢捐給教會，唯一的
方法只有向富人募捐。於是教會就廣開方便之門，歡迎富人
入會。既然歡迎富人入會，則憎恨富人的論調自非修改不可。
所以〈馬太福音〉就把〈路加福音〉的字句修改為：「心中貧

窮的人有福了，因為天國是他們的……饑渴慕義的人有福了，
因為他們必得飽足。」（〈馬太福音〉第五章第三節以下）從
前是貧窮的人有福，現在是心中貧窮的人有福；從前是饑餓
的人有福，現在是饑渴慕義的人有福。從前是一方祝福貧人，
同時咀咒富人；現在咀咒富人的話已經沒有。其結果，從前
絕對不能進入天國的富人④，現在只要他們能夠行善積德，
也得進入天國⑤。這樣修正，舶來的天堂地獄便和土產的天
宮地府相似。

　　不過西洋的上帝比較聰明。「百發失一，不足為善射」
（《荀子》第一篇〈勸學〉），所以上帝不肯立即審判，而必等
到末日來臨之時，才作最後審判。立即審判，世人共知，皆
是則可；有一不然，將有害上帝的尊嚴。至於哪一天是世界
末日？誰都不能知道，也許是今天，也許是明天，也許是十
年、一百年、一千年、一萬年以後。人人都有戒心，而上帝
又甚神秘，不肯稍露其觀感。於是人們遂深信上帝為全知全
能全善之神，而不敢稍存不敬之心。反之玉皇與上帝不同，
他不自己審判，而將審判權交給閻王行使。閻王不於世界末
日審判，而於每一個人死亡之時，即行檢查其一生善惡，而
後決定該人於六道輪迴之中，應送至哪一道（第十一回）。即
中國與西洋的宗教固然都講未來，而中國比之西洋，還是現

④　「有錢財的人進上帝的國，是何等的難呵！駱駝穿過針的眼比財主進上
　　帝的國還容易呢！」見〈路加福音〉第十八章第二十四節及第二十五
　　節。
⑤　以上乃參考 Karl Kautsky, *Der Ursprung des Christentums*, 12 Aufl.,
　　1922, S. 343 ff.

實的。這種現實主義可以說是吾國思想的特質。比方倫理一
事，西洋學者說到玄之又玄，近於抽象的哲學，吾國學者則
對於具體的對象，指示以具體的「為人之道」。現實主義有其
利，亦有其弊，利在容易實踐，弊在缺乏抽象的知識，而致
科學不能發達。因為科學是一種抽象的知識，即用分析的方
法，把事物由複雜變為簡單，使各種現象的原則能夠明瞭。
換言之，科學須無視一切事物的個性，只惟注意其普遍的現
象，即個體不視為個體，個人不視為個人，而把它們放在一
定的部類種屬範疇之中，觀察其部類種屬範疇的普遍性。然
而最有抽象 (abstract) 的能力的，又是都市的住民，尤其是商
人。何以故呢？農民踟躕於一地之內，每天所見的是同一的
環境，每天所做的是同一的工作；這種同一環境與同一工作
可使他們發生一種心靈的限制。反之，都市的商人完全不同，
他們的工作在於買之廉而賣之貴。他們不是販賣一種商品，
而是販賣多種商品。他們不問商品之性質如何，最後所注意
的皆是買價與賣價的差額。即他們不問哪一種商品，均把它
還原為貨幣，而比較其數量多寡。商業愈發達，商人的活動
範圍愈廣大，他們不但可由各地，得到各種不同的知識，而
他們運用貨幣的方法亦日益增加。地方的遠近，時間的長短，
均可影響於價格之上，而使商人得到特殊利益或蒙受意外損
失。因此，商人在無數的特殊事故之中，不能不求出一個普
遍的因素；在無數的偶然變化之中，不能不求出一個必然的
因素。這樣，抽象的能力日益增加，而科學亦有發生的可
能⑥。吾國數千年來，以農立國，而歷代朝廷又實行輕商政

⑥　參閱 K. Kautsky, a. a. O., S. 203 ff.

策，商業不能發達，於是抽象的能力就受了一定限制，而致科學、哲學皆不能發達。

　　話又說到別的方面去了──也許一部分讀者很歡迎這種閒話──現在言歸正傳。卻說玉皇將審判權交給十殿閻王行使，十殿閻王能夠體「高天上聖大慈仁者玉皇大天尊玄穹高上帝」（第三回）之意，公平審判麼？這種審判雖在冥府舉行，而對於人世卻有極大的影響。因為人世審判不公平，人們尚可寄希望於死後；死後審判再不公平，則人類絕望了。不幸得很，人類往往由現實推論到空幻，由陽世聯想到陰間，以為天下烏鴉一樣黑，人世陽光普照，尚且不見光明，則陰間黑暗可想而知。看吧！全真怪變作烏雞國國王的模樣，侵占他的江山，群臣不知，妻子不曉，唐僧問真國王，何不在陰司閻王處控告？國王道：「那怪的神通廣大，官吏情熟，城隍常與他會酒，海龍王盡與他有親，東嶽齊天是他的好朋友，十代閻羅是他的異姓兄弟，因此這般，我也無門投告。」（第三十七回）十代閻羅乃玉皇派在地府的法官，世人皆深信其至公無私，而乃阿其所好，古代司法腐化，徹底到地府之下，於是鬼也悲觀了。陽世不平，人願為鬼；陰司不平，鬼到哪裡控告？黑河河神的官邸為鼉龍侵占，河神「欲啟奏上天」，尚「不能見得玉帝」（第四十三回），何況陰間的鬼！

　　全真怪有什麼背景，竟令十殿閻王與他結為異姓兄弟呢？它是文殊菩薩坐下的青毛獅子（第三十九回）。換言之，它是洋獅而與西方的文殊菩薩朝夕相見。天上動物與人世動物不同，神通廣大，能作人言，又能變化為人，所以青毛獅子既是文殊菩薩的坐騎，同時又是文殊菩薩的奴僕。在人世，要

人身邊的奴僕往往社鼠城狐，竊弄威福，而令奔競之徒不能不討好他們。何以故呢？你要謁見要人，他們不肯傳達，而推辭「不在」，你將無法謁見。你要上書要人，他們若將你的來函稍微壓一壓，你又失去了機會。何況他們在要人身邊，捧茶倒水，朝夕相見，狎而親之，往往片言單語，得移動要人之意。至於天子的奴僕即所謂閹宦，其竊弄威權，更是吾國歷史常見的事。漢有中常侍，唐有樞密使，均以宦者為之。「中常侍掌侍左右，顧問應對給事」（《後漢書》卷三十六〈百官志三〉）。據朱穆言，尚事有所啟奏，中常侍有披閱之權（《後漢書》卷七十三〈朱穆傳〉）。中常侍既得與聞機密，所以朝臣若有規畫啟奏，他們就可窺知，先發制人，遂令外戚大臣無法改革閹宦弄權之弊（參閱《文獻通考》卷五十七「內侍省」）。竇武欲誅宦官，使劉瑜內奏，宦官朱瑀盜發武書，乃夜召閹宦十七人，喢血共盟誅武等（《後漢書》卷九十九〈竇武傳〉），其明證也。唐之樞密使有似於東漢的中常侍，最初不過「承受表奏，於內中進呈，若人主有所處分，則宣付中書門下施行而已」（《文獻通考》卷五十八「樞密院」）。但依歷史所示，凡有承受表奏之權者常得審查表奏，干涉大臣之行政；而有宣示詔令之權者又得矯稱帝旨，擅發詔令，而變為樞機之任。何況樞密使尚掌密命，得與聞機密之事。憲宗時，梁守謙為樞密使，裴垍啟奏澤潞節度使盧從史有無君之心，宜早為之所。憲宗許之，垍請密其謀，憲宗曰：「此唯李絳、梁守謙知之。」時絳承旨翰林，守謙掌密命（《舊唐書》卷一百四十八〈裴垍傳〉），其一例也。並且宰相奏事，樞密使又立侍天子左右，與聞政事，那末朝臣有所規畫，宦

官若認為不利，更得矯詔變更，撓其施行了⑦。觀漢唐二代
宦官之禍，可知天子的奴僕常握權柄，其力足以控制朝臣。
西漢雖無宦官之禍，而在元帝時代，石顯為中書令，「貴幸傾
朝，百僚皆敬事顯」（《漢書》卷九十三〈石顯傳〉）。丞相匡
衡、御史大夫甄譚亦不免「阿諛曲從」（《漢書》卷八十一〈匡
衡傳〉）。陵遲而自東漢，宦官竟「竊持國柄，手握王爵，口
含天憲，凶狡無行之徒媚以求官」（《後漢書》卷七十三〈朱
穆傳〉）。靈帝時，張讓為中常侍，「賓客求謁讓者，車恆數百
千兩，後至不得進」。讓之監奴亦「交通貨賂，威刑誼赫」。
有孟佗者因與監奴朋結，賓客皆爭以珍玩賄之（《後漢書》卷
一百八〈張讓傳〉）。是則奔競之徒不但媚天子的奴才，奴才
的奴才，且媚及奴才的奴才的朋友了。唐代宦官之權更大，
許多大臣皆與宦官交通，而後才得宰相之位，順宗時，王叔
文一派與宦官李忠言勾結，遂得操弄權柄（參閱《新唐書》
卷一百六十八〈王叔文傳〉）。憲宗時，李吉甫為相，也曾與
宦官吐突承璀交通，而求其奧助⑧。穆宗時，李逢吉一派之
能肆志無所憚，也是因為宦官王守澄為其後援（《舊唐書》卷
一百六十七〈李逢吉傳〉）。文宗時，牛李兩黨能夠秉持朝政，
似均與宦官有關。就牛黨言，「大和三年李宗閔以中人助，先
秉政，引牛僧孺協力」（《新唐書》卷一百八十〈李德裕傳〉）。

---

⑦　《新唐書》卷二百八〈劉季述傳〉云：「初延英宰相奏事，帝平可否，
　　樞密使立侍，得與聞，及出，或矯上旨，謂未然，數改易撓權。」
⑧　《舊唐書》卷一百六十四〈李絳傳〉云：「時議者以李吉甫通於承璀。」
　　《新唐書》卷二百一〈元義方傳〉亦云：「李吉甫再當國，陰欲承璀奧
　　助。」

就李黨言，李德裕入相，得力於樞密使楊欽義之協助者不少
（參閱《資治通鑑》卷二百四十六唐文宗開成五年）。唐自中
葉以後，入相的人須與宦官勾結，就是小小胥吏苟能受知於
宦官，亦得因此而竊弄國柄。「憲宗初即位，中書小吏滑渙與
樞密使劉光琦暱善，頗竊朝權」（《舊唐書》卷一百四十八〈李
吉甫傳〉），即其例也。吾舉這種歷史，無非證明肉食之流要
取得官職或保全地位，不能不巴結天子的奴才，大臣的奴才，
甚至於奴才的奴才。這樣，文殊菩薩坐下的青毛獅子一旦下
界，變為全真道士，難怪城隍請他吃飯，十殿閻王與他拜把。
何況文殊菩薩又是來自西天，其青毛獅子又會說舶來話「南
無阿彌陀佛」呢！

孫行者不願做烏雞國國王

　　三代以前，皇帝是為天下服務，世上最辛苦的差事莫如皇帝，所以好逸惡勞的人皆避帝位而不就，許由、務光即其例也。三代以後，天下是為皇帝效勞，皇帝享盡了人世榮華富貴，所以篡奪之事不絕於史。荀子說：「天之生民非為君也，天之立君以為民也。」（《荀子》第二十七篇〈大略〉）慎子說：「立天子以為天下，非立天下以為天子也，立君以為國也，非立國以為君也。」（《慎子‧威德》）漢儒董仲舒亦言：「且天之生民，非為王也，而天立王，以為民也。故其德足以安樂民者天予之，其惡足以賊害民者，天奪之。」（《春秋繁露》第二十五篇〈堯舜不擅移湯武不專殺〉）韓非曾比較古代天子與當時縣令的生活如次：

　　　堯之王天下也，茅茨不翦，采椽不斵，糲粢之食，藜藿之羹，冬日麑裘，夏日葛衣，雖監門之服養不虧於此矣。禹之王天下也，身執耒臿，以為民先，股無胈，

脛不生毛，雖臣虜之勞不苦於此矣。以是言之，夫古
之讓天子者，是去監門之養，而離臣虜之勞也。故傳
天下而不足多也。今之縣令，一日身死，子孫累世絜
駕，故人重之。是以人之於讓也，輕辭古之天子，難
去今之縣令者，薄厚之實異也。(《韓非子》第四十九
篇〈五蠹〉)

皇帝與縣令相去何啻天壤，古人不願為皇帝，後人爭欲為縣
令，觀韓非之言，可以理解其中原因。

　　但是我們須知皇帝一職，縱在後代還是很辛苦的。孫行
者降伏全真怪，討得太上老君的還魂丹，救了烏雞國國王的
生命，又使其復國（第三十九回）之後，國王願以王位相讓。
孫行者說：「老孫若肯做皇帝，天下萬國九州皇帝都做徧了，
只是我們做慣了和尚，是這般懶散。若做了皇帝，就要留長
頭髮，黃昏不睡，五鼓不眠，聽有邊報，心神不安，見有災
荒，憂愁無奈，我們怎麼弄得慣。你還做你的皇帝，我還做
我的和尚，修功行去也。」（第四十回）這幾句話並非亂說。
秦始皇專制極了，但他幸福麼？「上至以衡石量書，日夜有
呈，不中呈，不得休息」（《史記》卷六〈秦始皇本紀〉三十
六年），勤苦如此，宜其壽命不長，死時年僅五十①。漢高祖
雖然說過「吾乃今日知為皇帝之貴也」（《漢書》卷四十三〈叔
孫通傳〉），貴則貴矣，而不安樂。扶病往征英布②誰能做到；

---

① 《史記》卷六〈秦始皇本紀〉三十七年「七月丙寅始皇崩於沙丘平臺」。
　　徐廣曰年五十。
② 參閱《漢書》卷四十〈張良傳〉。高祖問布：「何苦而反？」布曰：「欲

而又為流矢所中（《漢書》卷一下〈高祖紀〉十二年），危險極了。「破布歸，疾益甚」（《漢書》卷四十〈張良傳〉），辛苦如斯，我想高祖此時心中必謂，「吾乃今日知為皇帝之苦也」。然既坐上虎背，勢無走下之理。我研究高祖為人，知道他是一位最利己主義的，徹底的個人主義者。他敗於彭城之時，與數十騎遁去，道逢得孝惠、魯元，乃載行，楚騎追漢王，漢王急，推墮孝惠、魯元車下，滕君常下收載之，如是者三，曰：「雖急，不可以驅，奈何棄之！」於是遂得脫（《史記》卷七〈項羽本紀〉）。項王為高俎，置太公其上，告漢王曰：「今不急下，吾烹太公。」漢王曰：「吾與項羽約為兄弟，吾翁即若翁，必欲烹而翁，則幸分我一杯羹。」（同上）這種只顧自己，不顧父子的人，做厭了皇帝之後，寧願早死而保全名譽，不願天下由我得之，復由我失之，見笑於後人。固然身死之後，也許孤兒寡婦不能保全江山，然而亡國責任既不在我，則我之芳名已足以流傳百世。高祖疾甚，呂后迎良醫，醫入見，上問醫曰：「疾可治不？」醫曰：「可治！」於是上嫚罵之曰：「吾以布衣，提三尺，取天下，此非天命乎？命乃在天，雖扁鵲何益？」遂不使治疾，賜黃金五十斤罷之。夏四月甲辰，帝崩於長樂宮③。聰明！梁武帝曾敕責賀琛曰：「朕三更出理事，隨事多少，事少，或中前得竟，或事多，至日昃方得就食。日常一食，若晝若夜，無有定時，疾苦之日，或亦再食。昔腰腹過於十圍，今之瘦削，裁二尺餘。舊帶猶存，非為妄語。為誰為之，救物故也。」（《梁書》卷三

_____
為帝耳！」（《漢書》卷三十四〈黥布傳〉）
③　《漢書》卷一下〈高祖紀〉十二年。臣瓚曰壽五十三。

十八〈賀琛傳〉）勤苦如此，而不免荷荷而死。君主國的皇帝與共和國的總統不同，不能急流勇退。生為天子，既不安樂，早日崩殂，尚能保全偉大的名譽，何怪漢高祖不肯治疾。華盛頓不願三次當選為總統，表面上是為共和奠定了基礎，而其動機也許亦出於保全個人的名譽。這種作風比之秦始皇求不死之藥，而希望長生不老者，確實聰明多了。

　　皇帝一職，由負責的人觀之，乃世上最辛苦的差事；由不負責的人觀之，富有四海，貴為天子，出一言而盈廷稱聖，發一令而四海謳歌，天下最快心樂意的事，孰過於此。然而我們須知皇帝不負責，結果還是要負責的，而其所負的責任比之共和國的總統，大過萬倍。總統不滿人意，不過於任期屆滿之時，不能再登大位，生命不會因下臺而被剝奪，財產不會因下臺而被沒收。皇帝則不同了，在吾國歷史上，秦漢以後，皇帝下臺而能保全生命的，似不多有。豈但自己的生命，就是全家的生命，甚至親戚的生命，亦有遭殺之禍。「宋受晉終，馬氏遂為廢姓，齊受宋禪，劉宗盡見誅夷」（《南史》卷四十三〈齊高帝諸子傳‧論〉）。北齊文宣踐祚，「大誅元氏，並無遺焉。或父祖為王，或身常貴顯，或兄弟強壯，皆斬東市，其嬰兒投於空中，承之以矟，前後死者凡七百二十一人，悉投屍漳水，剖魚多得爪甲，都下為之久不食魚」（《北齊書》卷二十八〈元韶傳〉）。宋始平王子鸞臨死，謂左右曰，「願後身不復生王家」（《南史》卷十四〈始平王子鸞傳〉）。明崇禎殉國之時，「長平公主牽帝衣哭，帝曰汝何故生我家，以劍揮斫之，斷左臂」（《明史》卷一百二十一〈莊烈帝六女傳〉）。觀此數事，可知皇帝一職是以全家頭顱為擔保。他們

可以不愛天下，而不能不愛全家的頭顱。他們為保全一家頭顱，縱令中智之主，亦不能不關心國家的治亂。

漢高祖得到天下之後，曾對太上皇說：「始大人常以臣亡賴，不能治產業，不如仲力，今某之業所就，孰與仲多？」（《漢書》卷一下〈高祖紀〉）這種思想完全是以天下為自己的產業，既以天下為自己的產業，便不能不謀保全產業的方法。其法則為仁政。所謂仁政，照孟子說，就是養民教民之道。孟子見梁惠王，教以如何養民，如何教民；而其結論則曰「然而不王者未之有也」（《孟子·梁惠王上》），即孟子不是為人民的利益而主張仁政，而是為人主的利益而主張仁政。換言之，仁政的目的在使人主能夠王天下。不過人主要王天下，不能不得民心，欲得民心，宜行仁政。王天下是仁政的目的，得民心是仁政的手段。所以孟子雖說：「王何必曰利，亦有仁義而已矣！」其實人主施行仁政，也是出於自己的利益。

歷代帝王要保全自己產業的天下，遂基於仁政思想，不能不注意人民的利益。所以人民雖受專制政治的壓迫，有時尚可託庇於「家天下」的觀念，而得稍息仔肩。現在試以漢代為例言之，「漢興，接秦之弊，諸侯並起，民失作業，而大飢饉，凡米石五千，人相食，死者過半」（《漢書》卷二十四上〈食貨志〉），破壞可謂甚矣。「天下既定，民亡蓋藏，自天子不能具醇駟，而將相或乘牛車」（同上），民窮財匱實在到了極端。但是古代政治家尤其理財家未曾中了社會主義的毒，口說民生，行則民死。他們還是依照正統派經濟學的觀點，培養稅源，絕不竭澤撈魚，殺雞取卵。高祖在財政極端困難

之時，一方「輕田租，十五而稅一」，他方「量吏祿，度官用，以賦於民」（同上）。孝惠高后時，蕭曹為相，絕不亂談建設，反而「填以無為，從民之欲，而不擾亂」，這樣，天下安定了，「衣食滋殖，刑罰用稀」（《漢書》卷二十三〈刑法志〉）。文帝即位「躬修玄默，勸趣農桑，減省租稅」，於是「畜積歲增，戶口寖息」（同上）。到了武帝之初「七十年間，國家亡事，非遇水旱，則民人給家足，都鄙廩庾盡滿，而府庫餘財。京師之錢累百鉅萬，貫朽而不可校。太倉之粟陳陳相因，充溢露積於外，腐敗不可食。眾庶街巷有馬，阡陌之間成群，乘牸牝者擯而不得會聚」（《漢書》卷二十四上〈食貨志〉）。這便是武帝能夠討伐匈奴的原因。偉大的軍事行動須有充足的財政基礎，而充足的財政基礎又須有健全的國民經濟。顧到軍事，忘及財政；顧到財政，忘及經濟，一旦開始作戰，必將自食其惡果。武帝征伐四夷，「天下虛耗，百姓流離，物故者半，蝗蟲大起，赤地數千里，或人民相食」（《漢書》卷七十五〈夏侯勝傳〉）。漢家天下岌岌乎危哉！「末年，悔征伐之事，乃封丞相為富民侯，下詔曰，方今之務，在於力農」（《漢書》卷二十四上〈食貨志〉）。即又顧到人民的利益，而致力於國民經濟的復興。昭帝即位，「委任霍光，光知時務之要，輕徭薄賦，與民休息」（《漢書》卷七〈昭帝紀·贊〉），於是「田野益闢，頗有蓄積」（《漢書》卷二十四上〈食貨志〉）。宣帝「用吏多選賢良，百姓安土，歲數豐穰，穀至石五錢」（同上），所以到了元帝時代，國家財政隨著國民經濟的繁榮，又恢復到武帝初年的狀況。「都內錢四十萬萬，水

衡錢二十五萬萬，少府錢十八萬萬」（《漢書》卷八十六〈王
嘉傳〉）。此後祿去王室，權柄外移，而王莽篡位之後，人心
思漢，諸起事者非自稱劉氏子孫，即以輔漢為名④，可知漢
家深得民心。家天下者為了保全自己的天下，用人行政處處
無不謹慎，故其結果，未必不利於人民。

　　「天下者天下人之天下也」，這是多麼好聽的話。西洋有
一句話：What is everybody's business is nobody's business⑤。
天下是天下人的天下，反過來說，便是天下不是任何人的天
下。天下不是任何人的天下，種種問題就由這裡發生。何以
故呢？天下不是任何人的天下，則人人對於天下之害均不關
心，對天下之利均欲爭取。人人爭取天下之利，政治運動變
為企業，而所謂參政權也就變質了，它不是參加政治的權，
而是參加發財的權。悠悠風塵盡冒貨之士，列官千官無廉潔
之風，「選者為人擇官，官者為身擇利。而秉鈞當軸之士，身
兼官以十數，大極其尊，小錄其要，機事之失，十恆八九。
而世族貴戚之子弟，陵邁超越，不拘資次」⑥。朝綱解紐，
姦偽萌生。國步艱難，他們更未雨綢繆，急急於聚財。國勢
危急，遂只見求生以害義，不聞見危以授命。天下者天下人
之天下也，我在天下之中不過數萬萬分之一，利在天下，所
得者微，利在一己，所得者大，剝削天下之脂膏，以利自己
的一家，天下既非任何人的財產，在上同其利者官官相護，

────────

④　參閱趙翼《廿二史箚記》卷三，王莽時起事皆稱漢後。

⑤　引自 J. Bryce, *Modern Democracies*, Vol. II, 1931, p. 489.

⑥　干寶〈晉紀總論〉，引自《晉書》卷五〈愍帝紀〉。

在下受其害者敢怒而不敢言。國勢民風如此，賈誼當為之痛哭，孫行者所謂：「聽有邊報，心神不安，見有災荒，憂愁無奈」，不過痴人說夢而已。

如意真仙不許孫行者白手來取落胎泉的水

　　唐僧四眾經過西梁女國，唐僧及豬八戒吃了子母河的水，腹痛成胎，必須喝了解陽山破兒洞落胎泉的水，方能解除胎氣。但是這個泉水是屬於如意真仙的。孫行者恃其神通廣大，借了瓦缽，到解陽山取水，而如意真仙卻說：「泉水乃吾家之井，憑是帝王宰相，也須表禮羊酒來求，方才僅與些須，你擅敢白手來取！」（第五十三回）在正史之上，庶民對於天子，而敢同如意真仙那樣，主張權利，謂非給與賠償，不得侵害的，恐怕沒有。

　　人類對其勞力所生的結果，均欲取得之以作自己的財產，這是人之常情，古今中外莫不相同。勞力與財產在經濟上本來有互相作用的關係。財產因勞力而取得，勞力因財產而提供。財產多少可以表示勞力多少，亦往往可以表示能力大小。故在財產之中乃包含有人格觀念，凡破壞財產權的無異於破壞人格權。過去各國刑法常以竊盜與傷人同罪，強盜與殺人同罪。例如德國舊刑法，凡使人受輕傷者，惟於告訴之時（第

二三二條），才處以三年以下有期徒刑（第二二三條）；反之，普通竊盜罪，可依職權，處以五年以下有期徒刑（第二四二條），使人受重傷者，處以五年以下一年以上有期徒刑（第二二四條），反之，重大竊盜罪，處十年以下三月以上有期徒刑（第二四三條）。而且強盜所受的刑罰又與故意殺人，即故殺幾乎相同（第二四九條及第二一二條）①。即毀傷財產與傷害身體，法律上的效果是一樣的。

　　歐洲各國受了羅馬法的影響，學者均視所有權為神聖不可侵犯的權利。馬凱維尼 (N. Machiavelli) 主張君主專制，甚至謂君主可以不講信誼，而使用一切奸謀詭計；但他又說：「君主絕不可侵害人民的財產。人們死了父親，不久就會忘記；失掉財產，終身不忘。」②布丹 (J. Bodin) 以主權屬於君主，君主既有主權，所以不受法律限制，不但自己公布的法律，便是教皇制定的法律，也無妨束之高閣。但他又謂君主的權力應受自然法的拘束，例如個人的財產權是根據自然法而設置的，所以非經人民同意，不得徵收租稅③。學說如斯，其表現於法律之上者，例如英國的大憲章第二十八條及第三十條既禁止官吏強取人民的糧食，器具，馬匹，車輛了，而第三十九條又說：「自由民除非領主依法審判，並遵照法律規定之外，不得沒收其財產。」④美國的獨立宣言雖然只云：

---

① 見 Anton Menger, *Nene Staatslehre*, 4 Aufl., 1930, S. 149.

② F. W. Coker, *Readings in Political Philosophy*, rev. ed., 1938, p. 283.

③ H. Cunow, *Cie Marxsche Geschichtts, Gessellschafts und Staatstheorie*, Bd. 1, 4 Aufl., 1923, S. 64.

④ 關於大憲章原文，請閱 C. Stephenson and F. G. Marcham, *Sources of*

「生命，自由及追求幸福乃上帝給予吾人的權利，不可讓與。人類設置政府的目的，就是要保護這種權利。」⑤而未曾明白提出「財產」及「所有權」的觀念。然獨立時代各邦所發表的權利宣言 (Declaration of Rights) 或權利典章 (Bill of Rights) 無不宣布財產及所有權為神聖的權利，不可侵犯。例如一七七七年 Vermont 的權利典章第二條云：「私有財產唯於必要之時，才得供為公共之用；而供為公共之用之時，對於所有主，必須給與以賠償金。」⑥一七八〇年 Massachusetts 的權利宣言第十條亦說：「個人的財產非經本人同意，或經人民代表同意，縱使極小部分，亦不得侵害之，或供為公共之用……若因公共需要而須徵收私人財產之時，對是所有主，應給予賠償。」⑦法國的人權宣言第十七條云：「所有權為神聖不可侵犯的權利，非依法律，且係公共利益所要求，並給予以適當賠償者，不得侵害之。」⑧自是而後，一直至一九一八年德國公布威瑪憲法⑨之時為止，列國憲法均有保障所有權的條文。這種條文不是對人民保護個人的所有權，而是對政府保護人民的所有權。政府不得侵害人民的所有權，所以產業能夠發達，社會能夠進步。

⑤　G. Jellinek, _Die Erklärung der Menschen und Bürgerrechte_, 4 Aufl., 1927, S. 11.

⑥　G. Jellinek, a. a. O., S. 29.

⑦　G. Jellinek, a. a. O., S. 28.

⑧　G. Jellinek, a. a. O., S. 28.

⑨　威瑪憲法第一五三條第三項云，所有權負擔義務，行使所有權之時，須有助於公共福利。

　　管子有言：「凡治國之道必先富民。民富則易治也，民貧則難治也。奚以知其然耶？民富則安鄉重家；安鄉重家，則敬上畏罪；敬上畏罪，則易治也。民貧則危鄉輕家；危鄉輕家，則敢陵上犯禁；陵上犯禁，則難治也。故治國常富，而亂國常貧。是以善為國者，必先富民，而後治之。」（《管子》第四十八篇〈治國〉）孔子以足食為行政之要務（《論語‧顏淵》），且說：「百姓足，君孰與不足？百姓不足，君孰與足？」（同上）孟子謂五畝之宅，樹之以桑，百畝之田勿奪其時，「養生喪死無憾，王道之始也」（《孟子‧梁惠王上》）。荀子亦說：「王者富國，霸者富士，僅存之國富大夫，亡國富筐篋，實府庫。筐篋已富，府庫已實，而百姓貧，夫是之謂上溢而下漏。入不可守，出不可以戰，則傾覆滅亡可立而待也。」（《荀子》第九篇〈王制〉）顧吾國古代乃以國家為皇帝的私產，「普天之下莫非王土，率土之濱莫非王臣」，土地屬於皇帝，土地之上的人民也屬於皇帝，因之人民勞動所得的結果遂亦屬於皇帝。皇帝侵害人民的所有權，道德上雖為虐政，法律上無須負責。固然各朝律令也有保護人民財產的條文，然其所保護者乃是禁止個人侵害個人的財產，不是禁止政府侵害人民的財產。換言之，人民對於政府不能主張權利，政府要怎麼樣，人民就須怎麼樣。同時在學說之上又有「為富不仁，為仁不富」之言。這固然因為古代官僚往往利用「政治的手段」，括索民膏，而致引起社會對於財富的反感。然而既有斯言，則人們唯勤唯儉，由自己勞力，正當獲得的財富，遂亦掛上了不仁之名。白圭「薄飲食，忍嗜欲，節衣服，與用事僮僕同苦樂」（《史記》卷一百二十九〈貨殖傳〉）。勤苦

如此，倘若斥之為不仁，那末，何怪陶朱「十九年之中，三致千金，再分散與貧交疏昆弟」，以博取「富好行其德」之名（同上）。一方法律上政府不尊重個人的所有權，他方觀念上社會又認財富為不仁的結果。財產不安定，資本無法蓄積，從而各種產業就不能作「擴張再生產」。生產規模一仍舊貫，而人口增加不已，社會消費力超過於社會生產力，貧窮成為普遍的現象。這個時候，若再加之以師旅，因之以饑饉，則人民受了生活壓迫，勢必相聚崔蒲，蝟毛而起，大則稱帝稱王，小則攻城剽邑，而天下遂大亂了。亂事既然發生，丁壯斃於鋒刃，老弱委於溝壑，幸而存者不過十之二三。社會消費力固然減少，但是內亂不但可以減少社會消費力，且亦可以破壞社會生產力。倘令生產力的破壞超過於消費力的減少，則亂事繼續進行，一直到社會的生產可以供給社會的需要，才見停止。此時也，苟有人焉出來收拾殘局，則社會便由焚亂而轉變為小康之治。古人所謂「一治一亂」，實由於人口法則的作用，而所有權沒有保障，產業不能發達，則為最大原因。

　　古代沒有「社會主義」這個好聽的名稱，政府對於人民的財產，尚敢予取予求。今日呢？一般人士中了社會主義的毒，而共黨之流更假社會主義之名，作奪取民財之實。有利耶，移為國有，無利耶，改為私營。而改為公有之時，又不依社會主義的宗旨，減價以估，求其有利於大眾，而乃依過去市儈的方法，提高獨占價格。名義上是財政需要，事實上乃官僚貪污。對這經濟政策，吾甚希望大陸人民能學如意真仙那樣，起來作護產運動。普通人民未必知道什麼是公權，

而必知道保護自己的私權。自己勞力所得的財產受了侵害，
而竟忍氣吞聲，不敢反抗，則對於沒有切身利害的政治權利，
何肯奮然而起，作爭取運動，犧牲生命而不顧。英國所以成
為憲政的母國，據耶林 (Rudolf von Ihering) 說，乃是因為英
國人民能夠保護自己的私權，他們寧願犧牲十倍的金錢，以
保護一便士的財產，這種鬥爭精神可使政府有所顧慮，不敢
隨意徵斂⑩。這是現代民權發生的原因，也是現代憲政成立
的條件。如意真仙明知不是孫行者之敵，而願為一杯之水，
抗鬥到底，置生命於不顧。值茲共產思想猖狂時代，故余對
於如意真仙不吝讚美之辭。

　　但是如意真仙的所有權亦有問題，西梁女國的婆子說：
「卻如今取不得水了。向年來了一個道士，稱名如意真仙，
把那破兒洞改作聚仙菴，護住落胎泉水，不肯善賜與人。但
欲求水者，須要花紅表禮羊酒果盤，志誠奉獻，只拜求得他
一碗兒水哩！」（第五十三回）　由此可知落胎泉本來屬於公
有，自從如意真仙來了之後，才倚強攫為私有。有力的既得
恃強壟斷泉水，則有大力的當然更能夠倚力奪取泉水。孫行
者對如意真仙的徒弟說：「你去說我老孫的名字，他必然做個
人情，或者連井都送我也。」（第五十三回）「所有」不以勞
力為根據，唯視力之大小為移轉。我閱到這裡，不禁想起南
北朝時代豪族封固山澤之事來了。

　　吾國古代以農立國，土地乃是最重要的財產。自秦用商
鞅之法，壞井田，開阡陌，民得買賣之後，土地就歸屬於個
人私有。固然「用貧求富，農不如工，工不如商」（《史記》

⑩　R. v. Ihering, *Der Kampf ums Recht*, 21 Aufl., 1925, S. 45, 51, 67 f.

卷一百二十九〈貨殖傳〉，而「以末致財，用本守之」（同上）又是國人理財之道。土地成為國人爭取的對象，土地遂不免集中起來。東漢末年，「豪人之室，連棟數百，膏田滿野，奴婢成群，徒附萬計」（《後漢書》卷七十九〈仲長統傳·理亂篇〉）。魏時，「大族田地有餘，而小民無立錐之地」（〈魏志〉卷十六〈倉慈傳〉）。晉興，循而未革，經數代的兼併，一直到了南北朝，就發生一種現象。永嘉喪亂，北方受害甚烈，「中原蕭條，千里無煙」（《晉書》卷一百九〈慕容皝載記〉）。南方蒙禍較少，「荊揚晏安，戶口殷實」（《晉書》卷六十五〈王導傳〉）。北方民人分散，土業無主，到了社會安定，業主歸鄉，而田園已歸別人所有。事涉數世，取證無憑，爭訟遷延，莫能判決，良疇委而不闢，柔桑枯而不採，大有害於國計民生，於是遂依李安世的建議：「所爭之田，宜限年斷，事久難明，悉屬今主。」（《魏書》卷五十三〈李安世傳〉）南方如何呢？「洛京傾覆，中州士女避亂江左者十六七」（《晉書》卷六十五〈王導傳〉）。他們南渡之後，又在江南「水耕火耨」的地區，建立他們的政權，並利用政治上的權力，兼併了許多土地⑪，「編戶之命竭於豪門，王府之蓄變為私藏」（《宋書》卷四十二〈王弘傳·贊〉），遂令南朝政府不能不承認他們的所有權，不過買賣之時，須納租稅而已⑫。

---

⑪　《宋書》卷二〈武帝紀中〉：「中興以來，治網大弛，權門兼併，強弱相陵，百姓流離，不能保其產業。」

⑫　《隋書》卷二十四〈食貨志〉：「晉自過江，凡貨賣奴婢馬牛田宅，有文券，率錢一萬輸估四百入官，賣者三百，買者一百。無文券者，隨物所堪，亦有百分收四，名曰散估，歷宋齊梁陳如此以為常。」

南北法律既然承認既成的事實，凡土地屬於今主者，不問其
人取得土地之方法如何，是由勞力乎，抑由強力乎，今主對
之均有所有權，不許別人再來奪取。這樣，豪族要再兼併土
地，就只有利用買賣之法，而提供相當的代價。這對於豪族
是不利的，所以他們又採取另一個方式：封固山澤的方式即
侵占那些沒有所有主的山澤。我們只看南北政府禁止封固，
就可反證封固之盛行。在北朝，東魏孝靜帝武定五年九月己
亥，文宣（即高洋）奏請豪貴之家不得占護山澤（《北史》卷
六〈齊本紀上〉）。在南朝，宋孝武帝大明七年七月丙申詔曰：
「名州大川往往占固，有司嚴加檢糾。」（《宋書》卷六〈孝
武帝紀〉）齊高帝建元元年四月己亥詔曰：「二宮諸王悉不得
封略山湖。」（《南齊書》卷二〈高帝紀〉）梁武帝天監七年九
月丁亥詔曰：「藪澤山林，並加封固，豈所謂與民同利，惠茲
黔首。」（《梁書》卷二〈武帝紀〉）他們封固山澤之後，也和
如意真仙「倚強護住落胎泉」，凡求水者須奉獻禮物一樣，
「薪採漁釣，皆責稅直」（《宋書》卷二〈武帝紀中〉）。

　　求富不用勞力，而用強力。不勞而有財產，勞苦終日，
財產反有喪失之虞，這是與經濟原則相反的。其結果也，有
勞力的或怠用其勞力，不想蓄積資本，引起官府的覬覦；或
惡用其勞力，違法犯禁，走上不軌之途。其尤壞的則為奔競
夤緣，取得政權，利用政權，取得財產。官職成為儲財的工
具，於是「告時乞職者以家弊為辭，振窮恤滯者以公爵為施，
至乃貪污者謂之清勤，慎法者謂之怯劣」（《晉書》卷六十九
〈劉波傳〉）。其尤甚者，且侵占公家業產以為私有。如在晉
代，「郡守長吏，牽曳百姓，營起廨舍。先之室宇皆為私家，

後來新官復應修立」(《晉書》卷七十五〈范甯傳〉)。而國家
且有輪流貪污之制，晉范甯說：「頃者選舉唯以卹貧為先，雖
制有六年，而富足便退。」(同上)例如王述為宛陵令，頗受
贈遺，而為州司所檢，王導使人譙之，述曰：「足自當止。」
(《晉書》卷七十五〈王述傳〉)而南北朝時，王秀之為晉平
太守，至郡期年，謂人曰：「此邦豐壤，祿俸常充，吾山資已
足，豈可久留，以妨賢路。」上表請代，時人謂王晉平恐富
求歸(《南齊書》卷四十六〈王秀之傳〉)。這種政風可以說是
每朝末代的普遍現象。反過來說，一個朝代有了這種政風，
便可表示已經到了末代，無可救藥。東漢時，左雄批評當時
政府為：「謂殺害不辜為威風，聚斂整辨為賢能，視民如寇
讎，稅之如豺虎」(《後漢書》卷九十一〈左雄傳〉)，其後引
起黃巾之亂，漢祚隨之而亡。如意真仙擁護所有權，吾人本
來欽佩，豈意他的所有權竟是倚強取得的。財產之中本來包
含有人格觀念，這種財產所包含的人格是卑劣的，不是賢良
的。換言之，這種財產愈多，該人人格愈低。一方國家不能
保護所有權，同時對於奪取所有權的人，又不敢加以制裁，
久假不歸，成為如意真仙的所有物，讀書至此，不禁廢卷而
太息。

孫行者要求朱紫國國王親身來迎

　　朱紫國國王病入膏肓，張榜求醫，孫行者揭了榜文，對校尉說：「你去教那國王親來請我，我有手到病除之功。」校尉入朝啟奏，這個時候國王的態度如何？並沒有「王赫胥怒」，反而說道：「他肯揭我榜文，教寡人親迎，斷然有醫國之能也。」（第六十八回）我看到「醫國」二字，深有所感，而知朱紫國國王既有人主之度，又知求賢之道。孟子云：

> 將大有為之君，必有所不召之臣，欲有謀焉，則就之，故湯之於伊尹，學焉而後臣之，故不勞而王，桓公之於管仲，學焉而後臣之，故不勞而霸。（《孟子‧公孫丑下》）

湯欲伐夏而王天下；桓公欲霸諸侯，匡正海內。在動盪時代，實如馬援所言：「當今之世，非獨君擇臣也，臣亦擇君矣。」（《後漢書》卷五十四〈馬援傳〉）大有為之君須用大有為之

臣，而大有為之臣往往自高身價，不肯「伺候於公卿之門，奔走於形勢之途」。

> 先主屯新野，徐庶見先主，先主器之，謂先主曰：「諸葛孔明者臥龍也，將軍豈願見之乎？」先主曰：「君與俱來。」庶曰：「此人可就見，不可屈致也，將軍宜枉駕顧之。」由是先主遂詣，三往乃見。（〈蜀志〉卷五〈諸葛亮傳〉）

諸葛亮為瑯琊人，他不蟄伏於東海之濱，而乃躬耕於南陽之野。在兵馬倥傯之際，南陽為軍隊常經之地，隱居於此，果是「苟全性命於亂世，不求聞達於諸侯」麼？他「每自比於管仲樂毅」，其志已非匏瓜，蓋欲「求善價而沽」。不過「王公不致敬盡禮」，則寧願獨善其身而已。

> 桓溫入關，王猛被褐而詣之，一面談當世之事，捫虱而言，旁若無人。（《晉書》卷一百十四〈王猛傳〉）

孟子云：「說大人則藐之，勿視其巍巍焉。」（《孟子・盡心下》）此際王猛眼中哪裡有什麼手握大權的北伐總司令。桓溫雖然「察而異之」，而不肯問以平定三秦之策。這比之韓信親解廣武君（李左車）之縛，「東鄉坐，西鄉對而師事之」，問以伐齊之計（《漢書》卷三十四〈韓信傳〉），相去遠了。桓溫有移鼎之心，而不能延攬英豪，其不能有所成就，實屬理之當然。

　　亂世臣亦擇君，人主固須虛懷下士，收天下之英豪以為
己用，縱在平時，君臣之分已定，人主亦宜有禮賢之心。古
者三公坐而論道，即三公乃天子之師友，不是天子的奴僕。
漢時，「丞相進見天子，御坐為起，在輿為下」（《漢書》卷八
十四〈翟方進傳〉）。丞相有大罪，「皇帝使侍中持節，乘四白
馬，賜上尊酒十斛，牛一頭，策告殃咎，使者去半道，丞相
即上病，使者還，未白事，尚書以丞相不起病聞」（《漢書》
卷八十四〈翟方進傳〉注引如淳曰）。此蓋生待之以禮，死亦
待之以禮，不欲大臣見辱於獄吏之故。後世人主往往罵朝臣，
打朝臣，到了末世，朝臣且認罵與打為親密的表現，以為吾
君待我，猶如吾父。孔子說：「君使臣以禮，臣事君以忠。」
（《論語‧八佾》）荀子云：「非我而當者吾師也，是我而當者
吾友也，諂諛我者吾賊也。……諂諛者親，諫諍者疏……雖
欲無滅亡，得乎哉！」（《荀子》第二篇〈修身〉）又說：「從
命而利君，謂之順。從命而不利君，謂之諂。逆命而利君，
謂之忠。逆命而不利君，謂之篡。不卹國之臧否，偷合苟容，
以持祿養交而已耳，謂之國賊。」（《荀子》第十三篇〈臣
道〉）韓非亦引晉文公之言：「上君所與居，皆其所畏也；中
君之所與居，皆其所愛也；下君之所與居，皆其所侮也。」
（《韓非子》第三十三篇〈外儲說左下〉）賈誼之言，更見明
瞭。他說：「人君遇其大臣，如遇犬馬，彼將犬馬自為也。如
遇官徒，彼將官徒自為也，頑頓無恥，詬苟無節，廉恥不立，
則且不自好，則苟若而可。見利則趨，見便則奪，主上有敗，
困而擊之矣。主上有患，則吾苟免而已，立而觀之耳，有便
吾身者，則欺賣而利之耳！」（《賈子新書》卷二〈階級〉）朝

臣而得打罵，便是朝臣皆可侮之徒。入無法家拂士，出若有敵國外患，國而不亡，未之有也。明太祖喜歡廷杖大臣，不知「士可殺，不可辱」，有茹太素者為刑部主事，陳時事，言多忤觸，帝怒召太素，杖於朝，而又外放為浙江參政，既復擢為戶部尚書。太素抗直不屈，這種沒有奴隸性的人，由明太祖視之，是不可信任的。未幾，降為御史，復因忤觸帝怒，與同官十二人俱鐐足治事，後竟坐法死（《明史》卷一百三十九〈茹太素傳〉）。鐐足治事，令人想到古代羅馬奴主對於奴隸的作法。自是以後，明代皇帝廷杖大臣之事，累見不鮮，難怪李自成入京，諸臣爭降，滿清入關，那些文人名士又自認為識時務的俊傑，個個出山。

　　古來成大事的不但需要大才，而且需要弘量。固然量弘的未必才大，而才大的必定量弘。那些斗筲之才稍有成就，往往沾沾自喜。

　　　　公孫述稱帝於蜀，隗囂使馬援往視之。援素與述同里閈，相善，以為既至，當握手歡如平生。而述盛陳陛衛以延援入，交拜禮畢，使出就館；更為援制都布單衣、交讓冠，會百官於宗廟中，立舊交之位。述鸞旗旄騎，警蹕就車，磬折而入。禮饗官屬甚盛，欲授援以封侯大將位，賓客皆樂留。援曉之曰：「天下雄雌未定，公孫不吐哺，走迎國士，與圖成敗，反修飾邊幅，如偶人形，此子何足久稽天下士乎！」因辭歸，謂囂曰：「子陽井底蛙耳，而妄自尊大。」（《後漢書》卷五十四〈馬援傳〉）

其尤甚者，自我陶醉，以為天下莫己若也，「獨任己意，惡人攻難」。王安石變法所以失敗，史家謂其剛愎自用。剛愎自用與意志堅強不同，意志堅強出於自信力，剛愎自用又混雜以自卑感。一方因自信而自尊，他方因自卑而懷疑別人輕視。故凡遇到別人攻難，便忿然變色，以為侮辱。此種人物得意還可，一旦挫折，更由自卑感與自尊心的交雜作用，而趨向於剛愎自用。即如孟子所說：「訑訑之聲音顏色距人於千里之外，士止於千里之外，則讒諂面諛之人至矣。」（《孟子．告子下》）韓非子說：「狠剛而不和，愎諫而好勝，不顧社稷，而輕為自信者可亡也。」（《韓非子》第十五篇〈亡徵〉）

> 漢高祖見圍於平城之前，使婁敬往匈奴，探虛實。敬還報曰：「兩國相擊，此宜夸矜見所長。今臣往，徒見羸胔老弱，此必欲見短，伏奇兵以爭利，愚以為匈奴不可擊也。」是時兵已業行，上怒，罵敬曰：「妄言沮吾軍。」械繫敬廣武，遂往至平城，匈奴果出奇兵圍高帝白登，七日然後得解。高帝至廣武，赦敬曰：「吾不用公言，以困平城。」乃封敬二千戶，為關內侯，號建信侯。（《漢書》卷四十三〈婁敬傳〉）
>
> 袁紹兵敗於官渡之前，田豐說紹曰：「曹兵善用兵，變化無方，眾雖少，未可輕也，不如以久持之。將軍據山河之固，擁四州之眾，外結英雄，內修農戰，然後簡其精銳，分為奇兵，乘虛迭出，以擾河南，救右則擊其左，救左則擊其右，使敵疲於奔命，民不得安業，我未勞而彼已困，不及二年，可坐克也。」紹不從，

豐懇諫，紹怒甚，以為沮眾，械繫之。紹軍既敗，紹
還，謂左右曰：「吾不用田豐言，果為所笑！」遂殺
之。（〈魏志〉卷六〈袁紹傳〉）

劉邦不聽婁敬之言，而有平城之圍，袁紹不採田豐之策，而
有官渡之敗，其事甚相似，而婁敬封侯，田豐不免殺身之禍。
劉邦與袁紹胸襟廣狹不同，劉邦成功，袁紹失敗，觀此二事，
也可以了解其原因。

　　但是大有為之君欲用不世出之才，尚須人主左右沒有忌
能妒才之人。荀子云：「君有妒臣，則賢人不至。」（《荀子》
第二十七篇〈大略〉）孫行者能夠「做個醫生耍耍」，固然是
朱紫國國王有求賢之心，抑亦因為朱紫國諸臣均無妒才之意。
當孫行者要求國王親迎之時，諸校尉說：「口出大言，必有度
量。」到了孫行者入朝覲見，嚇倒國王之後，太醫院醫官卻
對眾稱揚道：「這和尚卻說得有理，就是神仙看病，也須望聞
問切，謹合著神聖功巧也。」（第六十八回）校尉願意入朝啟
奏，不以孫行者之言為不敬，醫官贊成孫行者之言，而無同
行相忌之心，於是孫行者「心有秘方能治國」（第六十八回）
才有施展的機會。項羽立劉邦為漢王，漢王至南鄭，諸將道
亡者數十人，韓信亦亡。蕭何聞信亡，不及以聞，自追之。
一二日何來謁上，曰：「王必欲長王漢中，無所事信，必欲爭
天下，非信無可與計事者，顧王策安決。」王曰：「吾為公以
為將。」何曰：「雖為將，信不留。」王曰：「以為大將。」
何曰：「幸甚！」於是王欲召信拜之，何曰：「王素嫚無禮。
今拜大將，如召小兒，此乃信所以亡也，必欲拜之，擇日齋

戒設壇場具禮乃可。」王許之，諸將皆喜，人人各自以為得
大將，至拜，乃韓信也，一軍皆驚（《漢書》卷三十四〈韓信
傳〉）。此還是宰相不妒大將之例。唐太宗為秦王時，府屬多
外遷，王患之，房玄齡曰：「去者雖多，不足吝，杜如晦王佐
才也，大王若終守藩，無所事；必欲經營四方，捨如晦無共
功者。」王驚曰：「非公言，我幾失之！」因表留幕府。及太
宗即位，每議事帝所，玄齡必曰：「非如晦莫籌之。」及如晦
至，率用玄齡策也。蓋如晦長於斷，而玄齡善謀，兩人深相
知，故能同心濟謀，以佐佑帝（《新唐書》卷九十六〈杜如晦
傳〉）。房玄齡齊州臨淄人，杜如晦京兆杜陵人（見《新唐書》
卷九十六各本傳）。他們兩人既沒有「非我同鄉，其心必異」
的觀念，更沒有「爾嫉我才，我妒爾能」的奴性，同時太宗
又不因為他們兩人合作，而懷疑他們兩人朋比為奸，用盡各
種方法，使他們兩人互相制衡。貞觀之治比之周之成康，漢
之文景，而「當世語良相，必曰房杜」（《新唐書》卷九十六
〈杜如晦傳〉），非無因也。後世人主既不知才，而其左右又
皆妒才之輩。韓信亡，彼等求之不得，何肯推薦以為大將。
而大臣之間又彼此互相掣肘，房有計劃，杜必毀之；杜有計
劃，房亦毀之，哪肯合作，以濟成功。蕭、曹為漢之名臣，
曹參為相，問惠帝曰：「陛下自察聖武孰與高皇帝？」上曰：
「朕乃安敢望先帝。」參曰：「陛下觀參孰與蕭何賢？」上
曰：「君似不及也。」參曰：「陛下之言是也。且高皇帝與何
定天下，法令既明具，陛下垂拱，參等守職，遵而勿失，不
亦可乎！」惠帝曰善（《漢書》卷三十九〈曹參傳〉）。自謂才
不及蕭何，這是後人所不肯言的；遵守蕭何之法而不改變，

更是後人所不肯為的。一官去，一官來，後任必變更前任的設施，以為不如是，不能表現我之才智。政治乃「管理眾人之事」，眾人不是官僚表示才智的工具，更不是官僚嘗試才智的試驗品。朝令暮改，國無定制，民無信心，今日不知明日有何改變，今年不知明年有何變更。韓非云：「法禁變易，號令數下，可亡也。」（《韓非子》第十五篇〈亡徵〉）以此治國，國安能治。

　　孫行者要求國王親迎，國王不以為忤，固然難得；而在世風澆薄之時，孫行者有這要求，也是不易。

　　　　齊宣王見顏斶曰：「斶前！」斶亦曰：「王前！」宣王不悅。左右曰：「王人君也，斶人臣也，王曰『斶前』，斶亦曰『王前』，可乎？」斶對曰：「夫斶前為慕勢，王前為趨士，與使斶為慕勢，不如使王為趨士。」（《戰國策》）

慕勢無益於王，而可長社會奔競之風；趨士無害於王，而可增政府求賢之譽。斶前與王前，不過一進一止，數步之差而已，而其影響社會的風氣固如是其大。「齊景公田，招虞人以旌，不至，將殺之。志士不忘在溝壑，勇士不忘喪其元，孔子奚取焉，取非其招不往也」（《孟子‧滕文公下》）。虞人小吏，其與景公有君臣之分，招之不以其道，虞人死不肯往。要是一介平民，既無官守，又無言責，而乃不待其招而往，「伺候於公卿之門，奔走於形勢之途，足將進而趑趄，口將言而囁嚅」（韓愈〈送李愿歸盤谷序〉），世人對比，不以為

恥，則奔競之風長，社會將不以名節為高，廉恥相尚。一旦
遇到政權轉移，當然是「宴安寵祿，曾無釋位之心，報使獻
誠，但務隨時之義」（《周書》卷三十〈于翼李穆傳·贊〉），
希望此輩見危以授命，而不求生以害仁，事所難能。

> 公行子有子之喪，右師往弔，入門，有進而與右師言
> 者，有就右師之位，而與右師言者。（《孟子·離婁
> 下》）

這是一篇絕好的官場現形記。而晉代奔競之風則更有甚於此。

> 王珣兒婚，賓客車騎甚眾，會聞王雅拜少傅，迥詣雅
> 者過半。時風俗頹敝，無復廉恥，然少傅之任，朝望
> 屬珣，珣亦頗以自許。及中詔用雅，眾遂赴雅焉。（《晉
> 書》卷八十三〈王雅傳〉）

悠悠風塵皆奔競之士，其種種醜態，實如王沉所言：「京邑翼
翼，群士千億，奔集勢門，求官買職。童僕闚其車乘，閽寺
相其服飾。親客陰參於靖室，疏賓徙倚於門側。時因接見，
矜厲容色。心懷內荏，外詐剛直。談道義謂之俗生，論政刑
以為鄙極。高會曲宴，惟言遷除消息，官無大小，問是誰力」
（《晉書》卷九十二〈王沉傳〉）。士風如此，難怪五胡作亂，
「衣冠之士靡不變節，未有能以大義進退者」（《晉書》卷一
百四〈石勒載記上〉）。羊后身為國母，既失節於劉曜矣，而
又謂今日始知天下有丈夫　（《晉書》　卷三十一　〈惠羊皇后

傳〉）。王衍貴為三公，國亡而不殉難，復勸石勒稱帝，以求
自免（《晉書》卷四十三〈王衍傳〉）。男無氣節，女不貞良，
國家安得不亡。

　　這種風氣何以發生？老實說，居上位的喜歡聽命的人，
在下位的必無忠義之士。孟子說：

　　　女子之嫁也，母命之，往送之門，戒之曰：「往之女
　　　家，必敬必戒，無違夫子。以順為正者，妾婦之道
　　　也。」（《孟子・滕文公下》）

王安石秉政之時，「好人同己，而惡人異己。群臣有與之同
者，則擢用不次；與之異者，則禍辱隨之」（司馬光〈應詔言
朝政闕失狀〉）。中外老成人罷黜幾盡，其所用的多係儇慧少
年（《宋史》卷三百二十七〈王安石傳〉）。「安石訓釋《詩》、
《書》、《周禮》既成，頒之學官，天下號曰『新義』。一時學
者無敢不傳習，主司純用以取士，士莫得自名一說」（同上）。
王安石為宋代有為之政治家，而乃不知為政之道，第一需要
博採眾議，第二需要力行，而乃如荀子所說：「自為謀而莫己
若者亡。」（《荀子》第三十一篇〈哀公〉）這樣，宋代的政風
何能產生尚氣節之士。

　　我所以不憚煩引證歷史，蓋欲證明孫行者要求國王親迎，
在風俗頹敝之時，可以矯奔競之風。

　　　萬章曰：「庶人召之役，則往役。君欲見之，召之則不
　　　往見之，何也？」曰：「往役，義也；往見，不義也。

且君之欲見之也，何為也哉？」曰：「為其多聞也，為
其賢也。」曰：「為其多聞也，則天子不召師，而況諸
侯乎？為其賢也，則吾未聞欲見賢而召之也。」（《孟
子‧萬章下》）

賢者固不可召，更何能召而訓之以新義。召之即來，來而聽
聆新義，這只是躁於富貴者之所為。以此求賢，只見偽善；
以此求才，只有奴才。這些偽善的奴才平日非先王之言不敢
言，非先王之服不敢服，慷慨悲憤，肝膽堪與日月爭光，一
旦看到國事日非，必求生以害義，絕不會見危以授命。方岳
無鈞石之鎮，關門無結草之固，世風澆薄，莫斯為甚。然而
履霜堅冰，固非一朝一夕之故。仕進者以苟得為貴，而鄙居
正；當官者以從順為高，而笑戇直。悠悠風塵皆奔競之士，
列官千百無謇諤之風，則當年之信誓旦旦，表示忠誠，實不
過迷於利祿，欲得美官而已。史家皆謂東漢多蹈義之士，此
實光武獎勵名節有以致之，例如嚴光，泥塗軒冕，不事王侯，
高尚其志，而光武卻能以禮下之。奮乎百世之上，百世之下，
猶可「使貪夫廉，懦夫立，是有大功於名教也」（范仲淹〈嚴
先生祠堂記〉）。余有慨於世風之薄，故反覆孫行者之事而不
輟。

比邱國國王要取小兒心肝為藥引子

　　漢高祖大朝諸侯群臣，置酒未央前殿，高祖奉玉巵，起為太上皇壽，曰：「始大人常以臣亡賴，不能治產業，不如仲力，今某之業所就，孰與仲多？」殿上群臣皆稱萬歲，大笑為樂（《史記》卷八〈高祖本紀〉九年）。皇帝以國家為自己的產業，不是高祖一人的見解，歷代帝王無不皆然。不過他們都不肯言，甚者且謂我為皇帝，辛苦極了，「為誰為之，救物故也」①。高祖快人快事，才肯說出真話。

　　國家的所有權屬於皇帝。所有主對其產業有使用收益處分的權；皇帝對於國家，也可以使用，可以收益，可以處分。但是國家除土地外，尚有人民。人民棲息於土地之上，不能離開土地而生存，所以皇帝不但以死的土地為私有財產，且以活的人民為私有財產。誰為皇帝，誰對於全國人民，就取得了使用收益處分的權。皇帝向人民徵斂徭賦而制殺生，無非是這個權力的行使。唐僧四眾經過比邱國之時，看見街坊

① 此係梁武帝之言，見《梁書》卷三十八〈賀琛傳〉。

人家各設一個鵝籠，都藏小兒在內。原來是國王好色，弄得精神怠倦，身體尫羸，要取一千一百一十一個小兒的心肝，煎湯服藥，以為服後有千年不老之功。「人家父母懼怕王法，俱不敢啼哭」（第七十八回）。「因求永壽戕童命，為解天災殺小民」，而乃謂王法，此無他，國家是皇帝的產業，「尺土莫非其有也，一民莫非其臣也」（《孟子・公孫丑上》），皇帝對之自有使用收益處分的權。

皇帝行使這種權力，須能自己節制，行使過甚，勢將引起人民反感，而如孟子所說，「暴其民甚，則身弒國亡，不甚，則身危國削」（《孟子・離婁上》）。然而制度上沒有方法拘束皇帝行使權力，單單希望皇帝發現良心，控制自己，其難成功，自是意中的事。

個人的財產是「物」，使用而不節制，不過害其一家衣食，皇帝的財產尚包括有「人」，使用而不節制，受害者乃人之生命。東漢末年閹宦用事，群姦秉權，至乃「殺害不辜為威風，聚斂整辦為賢能，視民如寇讎，稅之如豺虎」（《後漢書》卷九十一〈左雄傳〉）。「少民困貧，多不養子」（《後漢書》卷九十七〈賈彪傳〉）。當時所犧牲的人命何止一千一百一十一個。隋煬帝虐用其民，驕怒之兵屢動，土木之功不息，徵稅百端，猾吏侵漁，人不堪命，盜賊蜂起，而帝乃謂「天下人不欲多，多則為賊」（《隋書》卷二十四〈食貨志〉）。暴君的見解如此，百姓哪得安居。然而皇帝擅國權、能利害、制殺生，人民久處於淫威之下，不知不覺之間，竟然養成了服從權力的倫理觀念。《聖經》說：「在上有權柄的，人人當順服他，因為沒有權柄不是出於上帝的。凡掌權的都是上帝

所命的，所以抗拒掌權的，就是抗拒上帝的命；抗拒的必自取刑罰」（《新約‧羅馬書》第十三章第一節至第二節）。又說：「你們作僕人的，凡事要存敬畏的心，順服主人。不但順服那善良溫和的，就是那乖僻的也要順服」（《新約‧彼得前書》第二章第十八節）。這樣，皇帝雖有虐政，人民也只有順服。

　　僥倖得很，吾國古代還沒有這種盲目順服權力的倫理觀念。固然儒家主張「臣事君以忠」，然而尚有一個條件：「君使臣以禮」（《論語‧八佾》）。孔子云：「君君臣臣。」（《論語‧顏淵》）即君盡君道，而後臣盡臣道。而如孟子所說：「君之視臣如手足，則臣視君如腹心。君之視臣如犬馬，則臣視君如國人。君之視臣如土芥，則臣視君如寇讎。」（《孟子‧離婁下》）君臣尚且如此，何況君民。人類的思想不能離開過去經驗，從空創造出來。吾國自有歷史之後，均是君主政治。所謂共和，所謂民主，歷史上並無其事。所以先哲皆以君主政治為天經地義，不加懷疑。一方主張君主政治，他方有鑑於桀紂之暴，深知苛政猛如虎。如何調和兩者，遂成為吾國政治思想的中心問題。

　　關於這個問題，主張比較顯明的有儒、法兩家。法家主張法治，欲用法律以拘束君主。管子曾言：「先王之治國也，使法擇人，不自舉也。使法量功，不自度也。」（《管子》第四十六篇〈明法〉）又說：「先王之治國也，不淫意於法之外，不為惠於法之內。」（同上）韓非學於荀子，荀子是主張人治的。他說：「有良法而亂者有之矣，有君子而亂者，自古及今未嘗聞也。」（《荀子》第九篇〈王制〉）又說：「有亂君無亂

國，有治人無治法。羿之法非亡也，而羿不世中。禹之法猶存，而夏不世王。故法不能獨立，類不能自行，得其人則存，失其人則亡。法者治之端也，君子者法之原也。故有君子，則法雖省，足以徧矣；無君子，則法雖具，失先後之施，不能應事之變，足以亂矣。」（《荀子》第十二篇〈君道〉）而韓非之言，乃與管子相同。即「明主使法擇人，不自舉也，使法量功，不自度也」。（《韓非子》第六篇〈有度〉）此言人君須循法而治。他又說：「明主使其群臣不遊意於法之內，不為惠於法之外，動無非法。」（同上）此言人臣須循法而治。君臣循法，雖然未必就有堯舜之治，而必不會發生桀紂之暴。不過法家思想尚有漏洞。他們不知法治須以分權為前提，制定法律的權屬於君主；君主未必皆賢，則其所制定的法何能保其不至禍國殃民，勢必選擇其有利於自己者而發布之。「利在故法前令，則道之；利在新法後令，則道之。」（《韓非子》第四十三篇〈定法〉）這樣要束縛君主於法律之內，實非易事。

　　儒家主張人治，孔子云：「為政在人。」「其人存，則其政舉，其人亡，則其政息。」（《中庸》）為政如何而能得人，孟子提出「賢者在位，能者在職」（《孟子・公孫丑上》）的主張，並云「唯仁者宜在高位」（《孟子・離婁上》）。這種見解似甚合理，而細加研究之後，又可發見其中亦有漏洞。何以說呢？誰是賢能，誰是仁者，在民主政治，有選舉制度，選舉錯誤，人民可於其人任期滿了之後，不再選舉其人；或於其人任期未滿以前，用彈劾或不信任投票，令其去職。即誰是賢能，誰是仁者，其任期如何，都由人民直接或間接表示

意見。孟子云:「天子不能以天下與人。」「舜有天下也,孰
與之,天與之!」「天與賢,則與賢,天與子,則與子。」
(《孟子‧萬章上》)天不言,何以知道天意所在?孟子主張
「民為貴」(《孟子‧離婁上》),他引〈太誓〉之言,以為「天
視自我民視,天聽自我民聽」(《孟子‧萬章上》)。又云:「得
乎丘民而為天子。」(《孟子‧盡心下》)「桀紂之失天下也,
失其民也;失其民者,失其心也。」(《孟子‧離婁上》)即以
民意代表天意。孟子此種言論很接近於民主主義了。哪知孟
子說到這裡,又轉了一個彎,不能貫徹到底,他說:「左右皆
曰賢,未可也。諸大夫皆曰賢,未可也。國人皆曰賢,然後
察之;見賢焉,然後用之。左右皆曰不可,勿聽。諸大夫皆
曰不可,勿聽。國人皆曰不可,然後察之;見不可焉,然後
去之。」(《孟子‧梁惠王下》)左右皆曰賢,而即用之,皆曰
不可,而即去之,這是宮廷政治。諸大夫皆曰賢,而即用之,
皆曰不可,而即去之,這是官僚政治。國人皆曰賢,而即用
之,皆曰不可,而即去之,這是民主政治。但孟子並不願以
國人的意見為「用之」與「去之」的標準;而必再加訪察,
見其果然是賢,然後用之,見其果然是不可,然後去之。即
如孔子所說:「眾惡之,必察焉;眾好之,必察焉。」(《論
語‧衛靈公》)於是便發生一個問題,誰「察」、誰「見」其
人果然是賢或果然是不可?推孟子之意,似宜委之於賢人。
但是誰是賢人,由誰決定,用哪一種方法決定,孟子並無一
言說到。在民主國家,由國人投票決定,誰能得到多數投票,
誰便是賢人。方法簡單,不至引起爭端。倘如孟子所言,國
人不能決定,則決定賢人的須為「超人」。然而這個「超人」

又由誰決定呢？我說我是超人，他說他是超人，到底哪一位是超人，難免發生爭執，弄到結果，將如丹第 (Dante Alighieri) 所說："The people which triumphed over all the other peoples that contended for the empire of the world, triumphed by the judgment of God. For the ordeal by battle is the final test of justice. What is acquired by duel is acquired by right."②誰武力強，誰便是超人了。

何況孟子所說的「天」又是一個幽靈，不可摸捉。他說：「天子能薦人於天，不能使天與之天下。」「昔者堯薦舜於天，而天受之」所謂「薦舜於天，而天受之」就是「使之主祭，而百神享之」。百神是否享之，如何能夠知道？倘令孟子思想只此而已，則其學說完全與歐洲中世的神權思想同出一轍。所幸者，孟子尚有一句：「暴之於民，而民受之」，所謂「暴之於民，而民受之」就是「使之主事而事治，百姓安之」（《孟子·萬章上》）。這個「使之」兩字值得注意，據孟子言，薦舜於天的是當時天子的堯，暴之於民的也是當時天子的堯。天子肯薦舜於天，而暴之於民，然後舜才有表示賢能的機會。萬一天子不薦不暴，又將如何？孟子對此毫無一言，這又是孟子學說的漏洞。

孟子固然不能視為民主主義者，但他確是反抗暴君的人。他說：「天子不仁，不保四海，諸侯不仁，不保社稷。」（《孟子·離婁上》）湯放桀，武王伐紂，這不是臣弒其君，「賊仁者謂之賊，賊義者謂之殘，殘賊之人謂之獨夫，聞誅一夫紂

---

② W. A. Dunning, *A History of Political Theories, Ancient and Mediaeval*, 1923, p. 232.

矣，未聞弒君也」（《孟子‧梁惠王下》）。這是多麼痛快的話！問題所在乃是人主是否殘賊，既沒有一部法律作為判斷的根據，又沒有一個機關負審查的責任。判斷的權只能委於當時強有力的人。這位個人的判斷是否合理，不失為一個問題。在今日民主國，要彈劾總統，尚須經過兩種程序，先由民意機關依多數人之意見，提出彈劾案，次由司法機關依法律之規定，審判彈劾案。兩種程序均已完畢，總統方才去職。今乃依湯武之意，以桀紂為獨夫，強迫桀紂下臺，而以天子之位讓給湯武。要求天子遜位的就是要做天子的人，天下危險的事莫過於此。我們深信湯武確是賢聖，桀紂確是殘賊，然而聖賢之人能如湯武那樣，並不多有。「由堯舜至於湯，五百有餘歲；由湯至於文王，五百有餘歲；由文王至於孔子，五百有餘歲」（《孟子‧盡心下》）。五百餘年才出現一位賢聖，則把判斷天子仁暴的權委於個人，何怪歷史上不斷發生禪讓與討伐的事。

其實，孟子思想尚未脫掉貴族色彩。他說：「為政不難，不得罪於巨室；巨室之所慕，一國慕之；一國之所慕，天下慕之。」（《孟子‧離婁上》）「巨室喻卿大夫之家也。」（《孟子注疏‧離婁上》，正義曰）在孟子時代，卿大夫還是以貴戚為多，所以孟子又說：「貴戚之卿，君有大過則諫，反覆之而不聽，則易位」（《孟子‧萬章下》）。就是孟子把判斷人君仁暴的權委於卿大夫尤其貴戚。這不是孟子思想幼稚，而是社會還未發展到民主時代。英國憲政開始於英王約翰發布大憲章，而大憲章的發布則出於貴族強迫，歷史發展如此，吾人何怪乎孟子。

　　總之，孟子猶如韓非，韓非的法治絕不是現代的法治主義；孟子的民本也不是現代的民主主義。孟子思想包含有兩個觀念：一是「天」的觀念，即神權思想，二是革命觀念，即放伐暴君。所以他的學說只可與歐洲十六世紀的「暴君放伐論」(Monarchomachos) 相比③。兩者均以神意為前提，主張仁政而反對暴君。至於如何防止暴君的發生，均未曾提出具體的方案；唯於暴君發生之時，贊成「湯放桀，武王伐紂」，用武力以對抗武力。這與今日民主主義有代議制度以表示人民的意思，又有分權制度，以牽制政府的權力，當然大異其趣。

　　吾國古代不斷的發生暴君，儒家例如孟子只知事後抗暴，不知事前防暴。法家例如韓非固然欲用法律以拘束君主，而關於「法律如何制定」這個前提問題，又捨而不談。吾國先哲有主張而無辦法，這是吾國思想的缺點。羅馬皇帝尼羅 (Nelo) 之暴並不下於桀紂，然而歐洲能夠由極端專制漸次進化為民主國家，吾國數千年來，一朝亡，一朝興，而均是「以暴易暴」，永久停止於專制階段者，其故何哉？人類思想不能離開歷史經驗，從空創制出來。歐洲在希臘羅馬共和時代，曾經採用過民主政治，有亞里斯多德 (Aristotle, B.C. 384–322) 的民權思想，有鮑里貝士 (Polybius, B.C. 204–122) 的制衡學說。這種學說在中世黑暗時代，雖然埋沒不聞。但是到了中世末期，義大利商業城市繁榮之後，又一變封建時代的作風，要求新的思想，以與新的環境配合。但是要建立一種思想，須經過長久努力，所以最初只能於古代文化的廢墟之

③　參閱拙著增訂四版《政治學》六一頁以下，一四一頁，一四二頁。

中，找出那些類似的思想，稍加修正，以適合於現實社會的需要。希臘文化是商業社會的產物，義大利的商業共和國頗有似於古代商業共和國的雅典。因此，義大利學者在希臘文化之中，一旦發見許多適應於他們環境的思想之後，不禁予以熱烈歡迎。這樣，就發生了文藝復興。由文藝復興，經宗教改革，產業革命，而至於美國獨立，法國革命，古代希臘的民主思想就代替了近代初期的暴君反抗論。這是歐洲能由君主專制而轉變為民主政治的原因之一。反之，吾國自有歷史以來，均是君主專制，歷史上沒有民主政治，因之學者遂不能認識世上除君主外，尚有共和；除專制外，尚有民主。其或顧到人民利益者，固然主張「民為貴」，「民為邦本」，國家行政應以人民福利為目標，然其思想距離民主主義尚遠，而只是警察國 (Polizeistaat) 時代的福利主義 (Eudämonismus)。其結果也，不但不能增加人民的福利，反而供給政府以口實，政府常藉口於人民福利，任意干涉人民生活④。因為「什麼是人民的福利」，「怎樣增進人民的福利」，既不由人民決定，而由政府決定；同時「福利」一語，意義又復多端，且依各人之主觀的見解而不同，則政府所決定者到底是否人民的福利，實有問題。法國大革命時代雅各賓黨 (Jakobiner) 固曾宣布一般福利為國家的最高目的⑤，現代共產主義者 G. Babeuf (1760–1797) 及其門徒也藉口於一

④　參閱拙著增訂四版《政治學》，四四頁以下。
⑤　G. Jellinek, *Allgemeine Staatslehre*, 3 Aufl., 1929, S. 243. 同書 244, Anm. 1. 曾引一七九三年六月二十四日雅各賓憲法第一條：Le but de la societe est la bonheur commun.

般福利 (bonheur commun)，以辯護其把整個社會變為監獄的
計劃 ⑥ 。 納粹 (Nagi) 時代的德國以 「公益先於私益」
(Gemeinnutz vor Eigennutz) 為標榜。 鐵幕內的共產國家也藉
詞於勞動大眾的利益。其實際情形如何，眾所共知，固無須
吾人喋喋也。

　　說到這裡，離題遠了。我們不是研究《西遊記》，而是利
用《西遊記》的材料，研究吾國古代的政治現象與政治思想。
比邱國國王要取小兒心肝以作藥引，世上殘酷之事莫此為甚。
其實，像漢桓、靈、隋煬帝等等，其所害人命何止一千一百
一十一個。吾國先哲主張仁政，不遺餘力，而暴君乃層出不
窮，為什麼呢？有理想而無辦法，知抗暴不知防暴，吾人研
究孟子思想，就可知道。生在今日，倘猶取古人之言，斷章
取義，以為吾國老早就有民主思想，完全是自欺欺人之語。

---

⑥　G. Jellinek, a. a. O., S. 244.

鳳仙郡三年亢旱

　　鳳仙郡三年不雨，「斗粟百金之價，束薪五兩之資，十歲女易米三升，五歲男隨人帶去」。百姓生活艱苦極了。亢旱三年，據《西遊記》所言，乃郡侯因妻不賢，惡言相鬥，一時怒發，將齋天素供，推倒餵狗，口出穢言，冒犯上天。因此，玉帝赫然震怒，下令龍王不再降雨。我看到這裡，固然感覺郡侯之罪甚小，三年亢旱，其罰過重。何況「郡侯十分清正賢良，愛民心重」。他知道孫行者能夠求雨，即整衣步行，親至市口，以禮相請；既聞孫行者願送他一場大雨，又請行者上坐，低頭下拜（第八十七回）。愛民如此，縱有小罪，亦應赦宥。玉帝濫刑，我在本書〈捲簾大將失手打碎了玻璃盞〉（頁五九）一文中已有論述。我們所最不能了解的，郡侯冒犯上天，何以不罰郡侯，而乃三年不雨，遺害黎民。小說家有此描寫，乃基於社會意識，而這社會意識，亦有其發生的原因。

　　郡侯不仁（「不仁」二字乃玉帝批評郡侯之語，見第八十

七回），所以天降災異。這種因果關係是否合理，姑捨而不談。人們由此又基於錯誤的邏輯，而謂天降災異，必因郡侯不仁。一郡亢旱，郡侯既應負責，則天下大旱，天子亦宜負責。換言之，一郡亢旱若是由於郡侯不仁，則天下大旱自應視為天子不仁。旱之有無是客觀的事實，政之得失往往依主觀的見解而異其判斷。以客觀的旱災歸咎於主觀的失政，蓋欲人主「虔恭寅畏，動必思義，雖在幽獨，如承大事，知神明之照臨，懼患難之及已」（《舊唐書》卷三十七〈五行志〉），而能責躬省咎，脩德消災。這種神道設教，除小說外，又散見於正史之上。

　　一部二十四史隨處都有神權思想。在神權時代，君主所恃以統治人民者在於「天佑吾皇」。朝代將亡，必曰「天命殄之」，朝代將興，亦曰「皇天眷佑」。吾人於〈湯誓〉及〈泰誓〉之中，可以發見許多「上帝」、「天命」、「上天」、「天罰」等的文字。古人所說的「天」，除自然的天及自然的理之外，尚指神祇，即所謂上帝。孟子云：「昔者堯薦舜於天，而天受之……使之主祭，而百神享之，是天受之。」（《孟子‧萬章上》）天指神祇，觀此可以知道。紂說：「我生不有命在天。」（《尚書‧西伯戡黎》）　項羽說：「此天之亡我，非戰之罪也。」（《史記》卷七〈項羽本紀〉）即興亡成敗均謂為決定於神，不是人力所能左右。

　　專制君主所恃以統一全國者，就是這個神權觀念。「天佑吾皇」，你們小民何敢反抗。因此，人們要想革命，亦須利用神權觀念。革命是以破壞舊的政權而建立新的政權為目的。要破壞舊的政權，須先推翻舊的神權觀念。怎樣推翻？假託

神怪，以惑亂人心，是最好的方法，秦始皇末年，社會上傳播了許多「亡秦者胡也」，「始皇帝死，而地分」，「今年祖龍死」等的謠言（《史記》卷六〈秦始皇本紀〉三十二年及三十六年）。不過這個方法只能推翻舊的政權，要建立新的政權，亦須利用迷信，說明新的政權基於天意。陳勝吳廣起事之時，利用罩魚狐鳴，使人相信「大楚興，陳勝王」（《史記》卷四十八〈陳涉世家〉），就是其例。

　　古來最善利用神權觀念以覬覦大位的，莫過劉邦。

> 高祖隱於芒碭山澤巖石之間，呂后與人俱求，常得之。高祖怪問之，呂后曰：「季所居，上常有雲氣，故從往，常得季。」高祖心喜，沛中子弟或聞之，多欲附者矣。（《史記》卷八〈高祖本紀〉）

高祖所居，上有雲氣，別人看不見，看得見的只有呂后一人，而呂后說了之後，沛中子弟聞之，「多欲附者矣」。「劉季固多大言」（同上，蕭何之語），「呂后為人剛毅」（《史記》卷九〈呂后本紀〉），以大言之夫配以剛毅之妻，雄心勃勃，在國家將亂之時，利用神權，以取得人們擁護。所以陳勝起義之後，沛縣父老殺了沛令，「皆曰平生所聞劉季諸珍怪，當貴」，「乃立季為沛公」（《史記》卷八〈高祖本紀〉）。劉邦與呂后的計劃果然成功了。

　　依正史所載，每朝創業之主，不問一統或偏安，大率均有神異之處。這個神異不但表示他與凡人不同，且又表示其即帝位，是依「上天」即「上帝」之意。董仲舒說：「德侔天

地者稱皇帝，天佑而子之，號稱天子。」（《春秋繁露》第二十三篇〈三代改制〉）皇帝之位授之於天，天命不佑，而後才會失掉帝位。古代沒有法律能夠拘束君主，也沒有機關能夠監督君主，雖置御史及諫議大夫，而君主對於他們所言，又有接受與不接受的自由。皇帝不受任何拘束，其所畏懼的只有「上天」。天不言，如何而能推測天意？《易》曰：「天垂象，見吉凶。」（引自《舊唐書》卷三十七〈五行志〉）政脩則天賜祥瑞，政失則天降災異。比方日蝕，《漢書》云：「凡日所躔而有變，則分野之國失政者受之。人君能修政，共御（恭禦之意）厥罰，則災消而福至。不能，則災息而禍生。」（《漢書》卷二十七下之下〈五行志〉）《後漢書》亦說：「日者太陽之精，人君之象，君道有虧，為陰所乘，故蝕。」（《後漢書》卷二十八〈五行志〉）古代帝王看到日月失明、星辰逆行、山崩泉涌、地震石隕、夏霜冬雷、春凋秋榮、隕霜不殺、水旱蝗蟲，無不悚然憂懼，以為上天震怒，而謀所以補過之道。昔，武王死，成王立，周公攝政，管叔、蔡叔放言於國，以誣周公。成王頗信流言，周公避居東都，秋大熟未穫，天大雷雨以風，禾盡偃，大木斯拔。成王啟金縢，知周公勤勞王家，泣曰：「今天動威，以彰周公之德。」遂遣使者往迎。「天乃雨反風，禾則盡起，歲則大熟」（《尚書·金縢》）。這固然是一種神話，然其影響於後世人主者甚大。漢惠帝崩，呂后稱制，七年正月乙丑日食，晝晦，太后惡之，心不樂，乃謂左右曰：「此為我也。」（《史記》卷九〈呂后本紀〉）唐高宗永徽元年四月一日晉州地震，六月十二日又震，高宗顧謂侍臣曰：「朕政教不明，使晉州之地屢有震動。」（《舊唐

書》卷三十七〈五行志〉）皇帝不受任何拘束，所畏唯天。吾國歷史關於災異必有所紀，蓋欲「書之示戒，用儆後王」（同上）。照歷史說，凡天降災異之時，皇帝下詔罪己，並令群臣直言極諫。唐太宗貞觀十一年七月一日，黃氣竟天，大雨，穀水溢入洛陽宮，深四尺，壞左掖門，毀宮寺一十九，洛水暴漲，漂六百餘家。帝引咎，令群臣直言政之得失。十三日詔曰：「暴雨為災，大水氾濫，靜思厥咎，甚懼焉。文武百寮各上封事，極言朕過，無有所諱。」（同上）則天神龍元年七月二十七日，洛水漲壞百姓廬舍二千餘家，詔九品以上直言極諫。右衛騎曹宋務光上疏曰：「陛下不出都邑，近觀朝市，則以為率土之人既康且富。及至踐閭陌，視鄉亭，百姓衣牛馬之衣，食犬彘之食，十室而九空，丁壯盡於邊塞，孤孀轉於溝壑，猛吏淫威，奮其毒暴，徵急攻破其資。馬困斯跌，人窮乃詐，或起為姦盜，或競為流亡，從而刑之，良可悲也。」（同上）災異最能引起人主關心的，莫如旱蝗。文宗開成四年天下旱，蝗食田，禱祈無效，上憂形於色。宰臣曰：「星官奏天時當爾，乞不過勞聖慮。」文宗憮然改容曰：「朕為天下主，無德及人，致此災旱，今又彗星謫見於上，若三日內不雨，當退歸南內，卿等自選賢明之君以安天下。」宰臣嗚咽流涕不能已（同上）。天旱，竟令天子欲遜位，古代皇帝何以這樣關心旱災呢？

　　吾國為農業國家，農業需要雨水，雨水不調，淫雨則田園氾濫，久旱則田園乾枯，均可使數百萬里的膏壤變為池沼或化為沙田。農村破壞，農業生產力降低，一方農民流亡，社會上充斥著無數流氓無產者，他方米價騰貴，貧窮成為普

遍的現象。這個時候，政府若不賑卹，則百姓飢寒交迫，必
相率離開王化的社會，走到不法的方面去，用違法的手段，
來苟全自己的生命。「安居則不勝凍餒，死期交急；剽竊則猶
得延生。於是始相聚為群盜」（《資治通鑑》卷一百八十一隋
煬帝大業七年）。群盜蔓延，引起大盜，而政權就顛覆了。晉
之南渡由於八王作亂，引起五胡亂華。五胡能夠亂華，又由
於旱蝗為災。惠帝元康七年七月雍梁大旱，關中饑，米斛萬
錢，詔骨肉相賣者不禁。懷帝永嘉三年三月大旱，江漢河洛
皆竭可涉。四年五月幽并司冀秦雍等六州大蝗，食草木牛馬
毛皆盡。五年六月百姓饑儉，米斛萬餘價。愍帝建興四年十
月京師饑甚，米斗金二兩，人相食，死者過半（見《晉書》
各紀）。大眾受了飢餓的壓迫，只有流移就穀。他們流亡，不
是逃至天國，而是走入地獄。永嘉元年劉琨為并州刺史，他
於沿途所見的流亡情況，據他報告：「臣自涉州疆，目覩困
乏，流移四散，十不存二，攜老扶弱，不絕於路。及其在者，
鬻賣妻子，生相捐棄，死亡委厄，白骨橫野，哀呼之聲，感
傷和氣。」（《晉書》卷六十二〈劉琨傳〉）百姓流離道路，轉
死溝壑，人不堪命，只有淪為盜匪，攻城剽邑，作奪取政權
的豪舉。在這時期，蠻族也同百姓一樣，受了生活壓迫，開
始流亡。羯人石勒，氐人李特都是因為流亡而乘機作亂的（參
閱《晉書》卷一百四〈石勒載記〉、卷一百二十六〈李特載
記〉）。隋末，盜賊蜂起，據李勣說：「天下之亂本於飢。」
（《新唐書》卷九十三〈李勣傳〉）唐末，黃巢作亂本於飢，
故能興江淮，根蔓天下①。旱災可使政權顛覆，難怪鳳仙郡

---

① 《新唐書》卷一百八十五〈鄭畋傳〉。《資治通鑑》卷二百五十三唐僖宗

侯聽到孫行者能夠求雨，寧願整衣步行，親至市口，低頭下拜。漢宣帝時，丙吉為丞相，見長安市上死傷橫道，置之不理。逢人逐牛，牛喘吐舌，急駐車詢問（《漢書》卷七十四〈丙吉傳〉）。這不是「知大體」的人哪裡懂得此中道理。

　　古者宰相「不親小事」。其職乃上佐天子，「調和陰陽」（同上）。所謂調和陰陽不是玄學之辭，而是講求具體的政策。陰甚而久雨，須開鑿河流，使雨不成災；陽極而將旱，須講求水利，使旱不妨耕。丙吉見牛喘吐舌，駐車詢問，蓋「方春少陽用事，未可大熱，恐牛近行，用暑故喘」（同上）。此乃時氣失節，旱災之象，宰相宜未雨綢繆，不可臨時束手。後世不明此旨，「災眚變咎，輒切免公臺」（《後漢書》卷七十六〈陳忠傳〉）。不察宰相之努力，唯視天象之變化，於是調和陰陽失去意義，而變為玄學之詞。然而東漢逢到災異，宰相還須免職，末世，政府當局一方知災異乃天然現象，而不責躬自省，他方關於防災一事，又不肯早作戒備。為人君者上不怕天，下不怕地，中不怕人，君主專制就沒有方法控制了。

　　我生於前清光緒年間，當時科學尚未昌明，凡有大旱，縣長為民父母，必於眾目共睹之下，跪在烈日之中祈雨。這不是迷信，而是表示與民同艱苦之意。百姓既見縣長不避暑熱，為民求雨，自可引起他們同情之心，雖欲作亂，而思亂之心亦常為同情之心所壓伏。民國成立之後，科學知識普及

　　廣明元年「天下盜賊蜂起，皆出於飢寒」。《舊五代史》卷一〈梁太祖紀〉唐僖宗乾符中，「關東薦饑，群賊嘯聚，黃巢因之，起於曹濮，饑民願附者凡數萬。」

民間。同時縣長由民之父母降低為民之公僕。民權萬歲，科學發達，懿歟盛哉！天何以旱，自然現象也，既係自然現象，縣長何能為力。百姓哭在田中，縣長樂在屋裡，開冷氣機，吃冰淇淋。何怪無知小民不願官為公僕，而願官為父母，雖然「管」我，而尚留心水旱；官為公僕，管則管矣，而對於水旱乃漠不關心。吾人讀鳳仙郡郡侯之事，深有所感，故略述歷史上的故事，以伸吾意。

阿儺伽葉向唐僧討取賄賂

　　唐僧四眾跋履山川，踰越險阻，一路與惡魔毒怪抗鬥，共歷一十四寒暑，才到靈山，參見佛祖。大功告成，他們固謂三藏佛經可以得到了。哪知阿儺、伽葉二位尊者竟對唐僧說：「聖僧東土到此，有些什麼人事送我們，快拿出來，好傳經與你去。」我看到這裡，以為靈山聖地，哪裡還講什麼人事，這不過兩位尊者開開玩笑而已。及至唐僧告以來路迢遙，不曾備得人事，阿儺、伽葉就將無字的白本交給唐僧，而後方知他們兩位確實是「揣財作弊」。然而尚謂佛祖至善，未必知情。哪知孫行者控訴之時，佛祖竟然笑道：「經不可輕傳，亦不可空取。你如今空手來取，是以傳了白本。」即叫阿儺、伽葉將有字的真經交與唐僧。問題至此解決麼？沒有。阿儺、伽葉領了四眾，檢取真經之時，「仍問唐僧要些人事。唐僧無物奉承，即命沙僧取出紫金鉢盂，雙手奉上，阿儺接了，但微微而笑，伽葉卻才進閣檢經，一一查與三藏」（第九十八回）。唐僧回國之後，曾將阿儺、伽葉如何索取人事，佛祖如

來如何祖護兩人，紫金鉢盂如何送與兩位尊者，一一面奏太宗（第一百回），是則佛門弟子要求賄賂，乃是千真萬確的事。阿儺、伽葉侍從佛祖左右，為佛祖最親信的弟子，其向唐僧索取人事，管珍樓的力士羞之，管香積的庖丁羞之，看寶閣的尊者亦羞之（第九十八回）。而他們兩位恬不知恥。以佛祖之賢慧，而竟信任貪墨之徒，這是我們所大惑不解的。

但是我們研究吾國歷史，又可知道創業之主雖然望治之心甚切，而對於貪墨之臣，又往往認為可靠，而願寄以腹心之任。為什麼呢？問舍求田，原無大志，古來匹夫而登帝位者大率是不事生產的人。以兩漢為例言之，高祖劉邦不事家人生產作業。嘗繇咸陽，縱觀秦皇帝，喟然太息曰：「嗟乎！大丈夫當如此矣！」（《漢書》卷一上〈高祖紀〉）其父太公曾責高祖「亡賴，不能治產業，不如仲力」（《漢書》卷一下〈高祖紀〉九年）。然而我們須知只惟這種的人才肯不顧生死，做出驚天動地的事。反之，光武則不然了。「性勤於稼穡，兄伯升常非笑光武事田業，比之高祖兄仲」（《後漢書》卷一〈光武帝紀〉）。光武本來「重慎畏事」（《後漢書》卷一上〈光武帝紀〉注引《東觀記》）而無大志，其最高希望不過做執金吾①。其能身登九五之尊，乃得力於兄伯升首創大業。伯升同高祖一樣，「不事家人居業，傾身破產，交結天下雄俊」（《後漢書》卷四十四〈齊武王縯傳〉）。倘令伯升不為更始所害，則帝位是否屬於光武，頗成問題。觀兩漢二帝之事，可知人主不厭貪墨之臣，而懷疑輕財好士之人，固有理由。東

---

① 初光武至長安，見執金吾車騎甚盛，因歎曰：「仕官當作執金吾。」見《後漢書》卷十上〈光烈陰皇后傳〉。

漢時，北海王睦性謙恭好士，千里交結，自名儒宿德，莫不造門，由是聲價益廣。永平中，法憲頗峻，睦乃謝絕賓客，放心音樂。歲終，遣中大夫奉璧朝賀，召而謂之曰：「朝廷設問寡人，大夫將何辭以對？」使者曰：「大王忠孝慈仁，敬賢樂士，臣雖螻蟻，敢不以實。」睦曰：「吁，子危我哉！大夫其對以孤襲爵以來，志意衰惰，聲色是娛，犬馬是好。」使者受命而行（《後漢書》卷四十四〈北海敬王睦傳〉）。聰明哉北海王！明帝察察為慧。謙恭好士，千里交結，何能不引起明帝懷疑。聲色是娛，犬馬是好，其無大志，可想而知。

在吾國歷史上，大臣恐天子見疑，而以好貨自污的不乏其例。

> 始皇欲攻取荊，王翦將兵六十萬人，始皇自送至灞上。王翦行，請美田宅園池甚眾。始皇曰：「將軍行矣，何憂貧乎？」王翦曰：「為大王將，有功終不得封侯，故及大王之嚮臣，臣亦及時以請園池，為子孫業耳。」始皇大笑。王翦既至關，使使還請善田者五輩，或曰：「將軍之乞貸亦已甚矣。」王翦曰：「不然，夫秦王怛而不信人，今空秦國甲兵而專委於我，我不多請田宅，為子孫業以自堅，顧令秦王坐而疑我耶？」（《史記》卷七十三〈王翦傳〉）

與此相似的尚有蕭何。

> 黥布反，上自將擊之，數使使問相國（蕭何）何為。

客又說何曰：「君滅族不久矣。君初入關，本得百姓
心，十餘年矣，皆附君，尚復孳孳得民和，上所以數
問君，畏君傾動關中。今君胡不多買田地，賤貰貸以
自污，上心必安。」於是何從其計，上乃大說。（《漢
書》卷三十九〈蕭何傳〉）

秦始皇、漢高祖都是創業之主，始皇見王翦求田而大慰，高
祖聞蕭何貪墨而大悅。此無他，古來有大志的往往不事家人
生產作業，好貨便是沒有大志的表現。何況大臣貪濁，百姓
受了剝削，當然不會擁戴其人為天子。政局愈混亂，人主愈
喜用貪墨之臣，不是沒有原因的。宋太祖由將士擁護，黃袍
加身，而登帝位。

乾德初，帝因晚朝，與石守信等飲酒，酒酣，帝曰：
「我非爾曹不及此，然吾為天子，殊不若為節度使之
樂，吾終夕未嘗安枕而臥。」守信等頓首曰：「今天命
已定，誰復敢有異心，陛下何為出此言耶？」帝曰：
「人孰不欲富貴，一旦有以黃袍加汝之身，雖欲不為，
其可得乎。」守信等謝曰：「臣愚不及此，惟陛下哀矜
之。」帝曰：「人生駒過隙爾，不如多積金帛田宅以遺
子孫，歌兒舞女以終天年，君臣之間無所猜嫌，不亦
善乎。」守信謝曰：「陛下念及此，所謂生死而肉骨
也。」明日皆稱病乞解兵權。帝從之，皆以散官就第，
賞賚甚厚。（《宋史》卷二百五十〈石守信傳〉）

守信「專務聚斂，積財數萬，尤信奉釋氏，在西京建崇德寺，募民輦瓦木，驅迫甚急，而傭直不給，人多苦之」，史家謂其以此自晦②，不無理由。五代諸帝多由將士擁立，宋承五代之後，天子既慮將士之以擁己者擁人，一般武將受了猜疑，則為保全生命起見，非再來一次政變，只有自解兵權。但是兵權雖已解除，而當年威望尚在，難保不為別人利用。在這種情況之下，石守信自毀聲譽，以保生命，固是聰明之舉。

觀歷史所言，可知阿儺、伽葉勒財作弊，何以佛祖不加禁止，反而倚為親信，令其侍從左右了。孫行者官封大聖，位號齊天，而乃大鬧天宮，要求玉帝遜位，以為「玉帝輪流做，明年到我家」（第七回）。東方既有叛仙，西方何能保證其無叛佛。歷代帝王不能保其生命者，往往是患生於肘腋之間，令好貨之徒侍從左右，許其稍事貪墨，多積金帛田宅以遺子孫，比之任用那傾身破產，交結天下雄俊，如劉伯升之輩者，安全多了。佛門三大士：觀世音菩薩居於落伽山（第六回），文殊菩薩居於五臺山，普賢菩薩居於峨嵋山（第七十七回）。法力大的均謫居於外。彌勒佛雖在西天，而隋代（在《西遊記》所描寫的唐代以前）又有「釋迦佛衰謝，彌勒佛出世」之言（《資治通鑑》卷一百八十一隋煬帝大業六年胡三省註）。神通廣大者未必可靠，何怪佛祖如來信任阿儺、伽葉。

---

② 《宋史》卷二百五十〈石守信傳〉論曰：「然守信之貨殖鉅萬，豈非亦因以自晦者耶？」豈但石守信如此，趙普「以隙地私易尚食蔬圃，以廣其居，又營邸店規利」，也許亦出於自晦。見《宋書》卷二百五十六〈趙普傳〉。

　　但是我們須知王翦所請田地乃求之於始皇，非取之於百姓，蕭何雖然賤價買之於民，然而他們兩人都是以好貨為手段，晦跡晦光，不是以好貨為目的，多積貨寶以遺子孫。後世人主不察輕重，而乃坐聽左右勒索金錢，卒至賄賂公行，苞苴塞路，大臣雖然不會反戈，而小民怨聲載道，更覺可怕。

　　在中國歷史之上，貪墨之風固然無代無之，而最令人驚駭的莫過於晉。這不是說南北朝及五代的黑暗，宋明末年的亡國現象猶勝於晉；而是說，晉在開國之時就盛行貪墨之風，未免令人喪氣。我們不說別的，惠帝之娶賈氏，便是因為武帝之后楊氏受了賈充妻郭氏之賄，而後力勸武帝取以為媳的（《晉書》卷三十一〈武元楊皇后傳〉）。其他大臣莫不皆然。

> 陳郡袁毅嘗為鬲令，貪濁而賂遺公卿，以求虛譽，亦遺山濤絲百斤，濤不欲異於時，受而藏於閣上。（《晉書》卷四十三〈山濤傳〉）
> 南郡太守劉肇賂王戎筒中細布五十端，為司隸所糾，帝謂朝臣曰：「戎之為行豈懷私苟得，正當不欲為異耳。」③

由山濤之「不欲異於時」及王戎之「不欲為異」，可知貪污已經視為當然，而廉潔反認為「為異」了。當時公卿例如王衍

---

③　《晉書》卷四十三〈王戎傳〉。其實武帝看錯了王戎之為人。戎「性好興利，廣收八方園田水碓，周徧天下，積實聚錢，不知紀極。每自執牙籌，晝夜算計，恆若不足，而又儉嗇不自奉養，天下人謂之膏肓之疾。家有好李，常出貨之，恐人得種，恆鑽其核」。

雖然「口未嘗言錢」，而乃放縱其妻郭氏「藉宮中之勢，聚斂
無厭，好干預人事」（《晉書》卷四十三〈王衍傳〉）。在吾國，
夫婦一體，妻之財產也是留給夫之子孫，王衍的辦法確實聰
明。其間雖有一二忠正之士如杜預者，縱有滅吳之功，而當
其鎮守荊州之時，亦數賂遺洛中貴要，或問其故，預曰：「吾
但恐為害，不求益也。」（《晉書》卷三十四〈杜預傳〉）政風
如此，何怪劉毅對武帝說：「桓靈賣官，錢入官庫，陛下賣
官，錢入私門，以此言之，殆不如也。」（《晉書》卷四十五
〈劉毅傳〉）貪污成為一代風氣，所以魯褒有錢神之論，諷刺
寵賂之彰。其辭曰：

> 錢之為體，有乾坤之象，內則其方，外則其圓。親之
> 如兄，字曰孔方，失之則貧弱，得之則富昌。錢多者
> 處前，錢少者居後；處前者為君長，在後者為臣僕；
> 君長者豐衍而有餘，臣僕者窮竭而不足。京邑衣冠，
> 疲勞講肆，厭聞清談，對之睡寐，見我家兄，莫不驚
> 視。錢之所佑，吉無不利，何必讀書，然後富貴。無
> 德而尊，無勢而熱，排金門而入紫闥，危可使安，死
> 可使活，貴可使賤，生可使殺。是故忿爭非錢不勝，
> 幽滯非錢不拔，怨仇非錢不解，令問非錢不發。洛中
> 朱衣，當塗之士，愛我家兄，皆無己已，凡今之人，
> 唯錢而已。（《晉書》卷八十四〈魯褒傳〉）

舉國官吏均顛倒於拜金主義，政綱廢弛，遂由賈后的暴戾，
引起八王之亂；再由八王之亂，引起五胡亂華，經南北朝而

至隋唐，中國陷入紛亂割據之局者有三百年之久。貪墨之徒
雖無大志，不會覬覦帝位，而其禍國殃民亦甚可畏。為人主
者不宜取其一而忘其他。

其實，阿儺、伽葉敢向唐僧討取人事，似是出自佛祖之
意。他對唐僧說：

> 經不可輕傳，亦不可空取，向時眾比邱聖僧下山，曾
> 將此經在舍衛國趙長者家，與他誦了一遍，保他家生
> 者安全，亡者超脫，只討得他三斗三升米粒黃金回來，
> 我還說他們忒賣賤了，教後代兒孫沒錢使用，你如今
> 空手來取，是以傳了白本。（第九十八回）

誦經一遍，果然能使生者安全，死者超脫，則奉獻三斗三升
米粒黃金，固有似於淳于髡見道傍有穰田者，操一豚蹄、酒
一盂，而祝曰：「甌窶滿篝，汙邪滿車，五穀蕃熟，穰穰滿
家。」（《史記》卷一百二十六〈淳于髡傳〉）「所持者狹，而
所欲者奢」，何怪佛祖謂為賤賣。佛教的領袖變成了販賣佛經
的商人，這又可與五代天子相比矣。五代之世，官以賄成，
爵以賄受，全國官吏無不培斂剝下，以事權門，「功臣大將不
幸而死，則其子孫率以家資求刺史，其物多者得大州善地，
蓋自天子皆以賄賂為事矣」（《新五代史》卷四十六〈郭延魯
傳·論〉）。然此尚非吾人所欲討論的問題。天道福善禍淫，
誦經而能降福，又能消災，則人們何必行善積德。佛徒誦經，
代人祈福消災，而能討得金錢，這與羅馬教會販賣赦罪符又
有什麼區別。然在基督教，乃有馬丁路德出來反對，並謂教

皇不是教會的最高機關，教會的最高機關乃是教徒會議
(General Council)。一切教徒在信教方面都是平等的，各人均
得依其良心，自由解釋《聖經》，不是教皇才有解釋《聖經》
的權。有此反抗，而後基督教就有了新的生命，不但新教，
就是舊教，也改良了許多。反之，佛教則與此殊。累次遇到
滅佛，還是墨守舊規，不想改善，只知代人誦經，討得若干
金錢，維持生活。佛徒變為社會的寄生蟲，佛教也和道教一
樣，日漸沒落，可以說是自取其禍。我們所最認為奇怪的，
據《西遊記》所言，司個人禍福的為冥王，司國家興亡的為
玉帝。冥王尚隸屬於玉帝，佛祖則居住於西天。鳳仙郡大旱
之時，何以官民念了「南無阿彌陀佛」，竟能驚動上天，使玉
帝下旨普降甘雨，救濟黎民（第八十七回）？寇員外陽壽只該
卦數，何以念佛齋僧，遂得善士之名，而能延壽一紀（第九
十七回）？難道唐承南北朝之後，佛教流行，凡人能夠說了一
句梵語「南無阿彌陀佛」，不但人世政府免其徭賦④，就是上
天地府也特別另眼看得麼？抑或當時盛傳西天乃極樂世界，
「黃森森金瓦疊鴛鴦，明幌幌花磚鋪瑪瑙」（第九十八回），
而佛老如來又「修成丈六金身」（第七十七回），在拜金社會，
當然引起人們羨慕，由羨慕而嚮往，遂至說了一句梵語「南
無阿彌陀佛」，便能驚天地而嚇倒帝王麼？社會愈貧窮，人們
愈崇奉拜金主義，以丈六金身的如來，而又瓦用黃金，磚嵌
瑪瑙，何怪人們爭學梵語，說了一句「南無阿彌陀佛」，就有
資格走到西天取「金」（經）呢！

---

④　《新唐書》卷一百七十九〈李訓傳〉云：「天下浮屠避徭賦。」

水滸傳與中國社會

薩孟武／著

你知道嗎？這些水滸好漢，大多是出身低微、在社會底層討生活的「流氓分子」。秀才出身的王倫，何以不配作梁山泊領袖？草料場的火，為何燒不死林沖？快活酒店的所有權有什麼問題？……且看薩孟武先生從政治、經濟、文化等不同的角度，精采的分析、詮釋《水滸》故事，及由此中所投射、反映出來的古代中國社會。

紅樓夢與中國舊家庭

薩孟武／著

當賈府恣意揮霍、繁華落盡之後，在前方等待的又是什麼呢？究竟是誰的情意流竄在《紅樓夢》的字裡行間呢？薩孟武先生以社會文化研究的角度，徵引多方史料，帶領讀者清晰認識舊時代下從賈府反映出來的那些事。

小歷史——歷史的邊陲

林富士／著

這本書沒有帝王將相、英雄偉人，卻將眼光投注在尋常百姓的日常生活，走入芸芸眾生的世界，寫就了「小歷史」。社會的邊緣人物如童乩、女巫、殺手，被視為奇幻迷信的厲鬼、冥婚，關乎頭髮、人肉、便溺、夢境的另類研究主題，都是值得關注的焦點。當你進入小歷史的世界，探訪這些前人足跡罕至的角落，你將會發現，歷史原來如此貼近你我。

琦君說童年

琦　君／著

每個人都有童年，不管是苦是樂，回憶起來都是
甜美的。善於說故事的琦君，與您一起分享她魂
牽夢縈的故鄉與童年。書中有她家鄉的人物、生
活和風光，也有好聽的神話和歷史故事。篇篇真
摯感人，字裡行間充滿了愛心與情義，在欣賞琦
君的散文之餘，更別有一番溫馨感受。

紅紗燈

琦　君／著

記憶中一盞古樸的紅紗燈，那是紮紮實實的希望
暖光，綿綿溫暖之中的淡淡苦澀有著鄉愁氤氳。
年光流逝，歲月不再重來，但過往值得細細回
味，那些故人舊事、歡樂哀傷，都被琦君的有情
之筆轉化為溫馨的文字，成為最暖心的回憶。邀
請您一同踏入琦君的世界。

肚大能容──中國飲食文化散記

逯耀東／著

吃，在中國人的生活中扮演著重要的角色。但要
能吃出學問，可就不是件簡單的事了！逯耀東教
授可說是中國飲食文化的開拓者，將開門七件事
──油、鹽、柴、米、醬、醋、茶等瑣事，提升
到文化的層次。透過歷史的考察、文學的筆觸，
與社會文化變遷相銜接，烹調出一篇篇飄香的美
文。讓我們在逯教授的引領下，一探中國飲食文
化之妙。

世界、華夏、臺灣
——平行、交纏和分合的過程

許倬雲／著

「立足臺灣，放眼中國，關心世界」是一句你我熟悉的口號，然而這樣的境界該如何做到？該從何處著手？遠自西亞、埃及、中國、印度古文明，近至你我身邊的大小事，都是歷史。歷史從來就不是獨立發展，而是互相牽連糾纏，世界各國的歷史有如一股股浪潮，在史海中彼此激盪、交流，如果能夠了解歷史發展的軌跡，也許你會對自身所處的環境，有一番新的體悟。